Y FERCH O BALLYMOY

A STORÏAU ERAILL

Y FERCH O BALLYMOY

A STORÏAU ERAILL

Ivor Owen

Arluniwyd y gyfrol gan Roger Jones

GWASG GOMER
1982

Argraffiad Cyntaf - Hydref 1982
Ail Argraffiad - Ebrill 1985

ISBN 0 85088 537 X

Gwobrwywyd y nofel hon yn Eisteddfod Genedlaethol Caernarfon 1979
Fe'i cyhoeddir trwy ganiatâd Llys yr Eisteddfod Genedlaethol

Cyhoeddwyd dan nawdd Cynllun Llyfrau Darllen
Cyd-bwyllgor Addysg Cymru

Argraffwyd gan J. D. Lewis a'i Feibion Cyf.,
Gwasg Gomer, Llandysul, Dyfed

Seilir y patrymau brawddegol ar y rhai a geir yn 'Llafar a Llun', Llyfrau I a II, gydag ychydig o gyf-newidiadau, e.e. defnyddir ffurfiau'r arddodiad 'gan' yn hytrach na'r arddodiad 'gyda' i ddynodi meddiant, a hefyd defnyddir 'ac' o flaen berfau megis 'mae' a 'roedd' yn lle'r 'a' syml. A chan mai ar gyfer dysgwyr 13-15 oed y bwriedir y gyfrol, cyf-lwynir prif batrymau brawddegol trydydd llyfr 'Llafar a Llun' ynghyd â chystrawen 'mai' yng nghwrs y storïau, gan eu nodi yn yr eirfa ar waelod y tudalennau ac yn y Nodiadau ar ddiwedd y gyfrol.

CYNNWYS

	Tud.
Samuel Handel Thomas	9
Y Straeon	
1. Tomatos	13
2. Y Piano	29
3. Gwyneth	45
4. Y Soser Hedfan	62
5. Thomas Fydd ei Enw	77
6. Y Ferch o Ballymoy	91

Samuel Handel Thomas

Mae chwech o straeon yn y llyfr yma am ddyn o'r enw Samuel Handel Thomas. Wrth gwrs, mae llawer amdano fe yn y straeon, ond mae'n deg gofyn ar y dechrau pwy ydy'r dyn yma, a sut cafodd e'r enwau 'Samuel' a 'Handel'.

Yn gyntaf, gyrrwr men fawr ydy'r dyn yma. Mae e'n byw yng Nghaerdydd gyda'i dad a'i fam. Cymry ydyn nhw, a Chymraeg ydy iaith gyntaf y cartref.

Mae Sam yn chwech ar hugain oed nawr, ac yn ddyn tal a chryf. Mae gwallt coch ganddo fe, gwallt coch cyrliog, ac mae e'n cadw ei wallt yn hir, ond mae e bob amser yn dwt a thaclus. Llygaid glas sy ganddo fe, ac mae fflach o hiwmor a chwerthin ynddyn nhw'n aml. Mae Sam yn hoff iawn o dynnu coesau pobl, mae rhaid dweud.

O ble cafodd Sam yr enwau yma? Yn syml, ei dad roiodd yr enwau iddo fe. Mae ei dad, Idris Thomas, yn hoff iawn o fiwsig . . . o gerddoriaeth. Mae llais da ganddo fe, llais baritôn da. Roedd e'n canu mewn eisteddfodau, ac yn ennill yn aml, ond nawr mae e'n mynd yn hen, a dydy e ddim yn mynd i lawer o eisteddfodau i ganu, dim ond i wrando. Mae e'n hoff iawn o ganeuon mawr yr opera a'r oratorio, ac fe ddysgodd e lawer iawn ohonyn nhw. Ond o bob oratorio y gorau ohonyn nhw i gyd ym meddwl Mr. Thomas ydy'r 'Meseia' gan George Frederick Handel. Mae Mr. Thomas yn meddwl y byd o George Frederick Handel a'i waith, ac roedd rhaid iddo fe roi'r enw Handel ar ei fab.

A'r enw Samuel? Roedd Mr. Thomas yn canu gyda chôr mawr pan oedd e'n ifanc ac yn byw yn un o'r pentrefi glo. Arweinydd y côr oedd William Samuel, ac roedd Mr. Thomas

teg, *fair*	ennill, *to win*
gyrrwr men, *van driver*	côr, *choir*
men/ni, *van/s*	pentrefi glo, *coal (mining) villages*
yn dwt a thaclus, *neat and tidy*	arweinydd, *conductor*
llais/lleisiau, *voice/s*	

yn meddwl y byd ohono fe hefyd. Roedd y ddau'n ffrindiau mawr, ond fe gafodd William Samuel ei ladd yn y pwll glo. Ac i gofio amdano fe fel ffrind ac arweinydd, fe gafodd y mab yr enw Samuel hefyd.

A dyna i chi Samuel Handel Thomas. Ond does neb yn ei alw fe'n 'Samuel' nac yn 'Handel', ond yn syml 'Sam'. A dydy'r Cymry ddim yn dweud 'Thomas' yn aml ond 'Tomos', ac felly, fel 'Sam Tomos' mae pobl yn ei adnabod e. A 'Sam Tomos' rydyn ni'n ei alw fe hefyd.

Fe aeth Sam i'r ysgol gyfun ac fe wnaeth e'n dda yno. Fe gafodd e wyth pwnc lefel O, a'i bwnc gorau oedd Cerddoriaeth. Roedd ei dad yn hoff o fiwsig ac roedd e'n gallu chwarae'r piano, ac felly, roedd rhaid i Sam ddysgu chwarae'r piano hefyd. Doedd e ddim yn hoffi'r gwaith ar y dechrau, ond fe gafodd e athro newydd, ac athro da oedd hwn. Fe ddysgodd Sam yn gyflym wedyn, ac fe ddaeth yn hoff iawn o'r piano. Fe ddysgodd e chwarae'n dda iawn, yn dda dros ben fel mater o ffaith, a'r piano wedyn oedd ei hobi. Roedd ei dad eisiau i Sam aros yn yr ysgol a gwneud lefel A, a mynd ymlaen i'r coleg i astudio Cerddoriaeth. Ond roedd Sam eisiau mynd i weithio a chael arian yn ei boced, ac roedd ganddo fe hobi arall—ceir. Roedd hen Gortina gan ei dad, ac roedd Sam yn gwybod popeth am yr hen gar yma.

Ar ôl cael ei lefel O mewn wyth pwnc, fe aeth Sam i chwilio am waith lle roedd e'n gallu gweithio gyda cheir. Fe gafodd e waith yn iard fawr Cwmni Cludiant Saff. Yno, fe ddysgodd sut i yrru car, a phan oedd e'n ddigon hen, fe ddysgodd sut i yrru lorïau a menni mawr y Cwmni. A gyrru men fawr ydy ei waith e nawr. Mae e'n mynd ar siwrneiau hir ar hyd y wlad, ac mae e'n hapus iawn wrth ei waith.

Perchen Cwmni Cludiant Saff ydy Herbert Rees, Cymro eto, ac mae Mr. Rees a Sam fel tad a mab yn siarad pob gair yn

---

fe gafodd e ei ladd, *he was killed*
pwnc, *subject*
yn dda dros ben, *exceedingly well*

Cwmni Cludiant Saff, *Safe Transport Company*
siwrnai/siwrneiau, *journey/s*
perchen, *owner*

Gymraeg â'i gilydd. Does dim plant gan Mr. Rees, ac mae Sam yn meddwl yn aml pwy fydd perchen y Cwmni ar ôl Mr. Rees. Wrth gwrs, dydy Sam ddim yn dweud gair am hyn wrth neb.

Mae un peth arall am Sam. Mae lleisiau da yn rhedeg mewn teulu yn aml. Mae llais da gan ei dad; mae llais da gan Sam hefyd. Ond nid llais bariton sy gan Sam, ond llais tenor hyfryd. Fel ei dad, mae Sam yn hoff o fynd o gwmpas yr eisteddfodau, ac fel ei dad eto, mae e'n ennill yn aml.

â'i gilydd, *together, with each other*

1. Tomatos

Wyth o'r gloch yn y bore ac roedd Samuel Handel Thomas—Sam Tomos yn fyr—yn cerdded i mewn i iard Cwmni Cludiant Saff. Roedd Mr. Herbert Rees, y perchen, yno'n barod yn sefyll wrth ddrws mawr yr iard.

"Bore da, Mr. Rees. Bore braf," meddai Sam.

"Digon braf, Sam," atebodd Mr. Rees a golwg sur ar ei wyneb.

"Wel, wir, bòs, dydych chi ddim yn edrych yn hapus iawn y bore yma. Yn wir, mae golwg sur iawn ar eich wyneb. Beth sy'n bod? Wedi cweryla gyda'r wraig, neu oedd eich wy brecwast chi'n rhy galed?"

"Smalio eto, Sam. Does dim lle i smalio y bore yma . . . a dydw i ddim wedi cweryla gyda'r wraig."

"Wel, beth sy'n bod, te? Siwrnai hir, neu'r fen wedi torri i lawr?"

"Na, does dim siwrnai hir, Sam, a dydy'r fen ddim wedi torri i lawr, ond fe fydd y siwrnai y bore yma yn un anodd," atebodd Mr. Rees.

"O, twt, does dim byd yn rhy anodd i fi, na dim byd yn rhy galed. I ble mae'r siwrnai heddiw?"

"I lawr i'r dociau . . . i nôl llwyth o domatos a ffrwythau."

"I lawr i'r dociau! Pŵ! Beth sy'n anodd mewn mynd i lawr i'r dociau? Rydw i'n mynd yno i nôl llwyth neu ddau bob wythnos."

"Dydych chi ddim wedi clywed y newyddion y bore yma, yn ddigon siŵr."

digon braf, *fine enough*	rhy anodd, *too difficult*
a golwg sur ar ei wyneb, *—with a sour look on his face*	wedi torri i lawr, *broken down*
	dim byd, *anything (nothing)*
cweryla, *to quarrel*	nôl, *to fetch*
rhy galed, *too hard*	llwyth/ i, *load/ s*
smalio, *to joke*	beth sy'n anodd, *what's difficult*
does dim lle, *there's no room*	y newyddion, *the news*

13

"Nag ydw. Beth sy'n bod, te, bòs? Ydy'r dociau wedi mynd allan gyda'r teid?"

"Peidiwch â smalio o hyd, Sam. Roedd newyddion drwg am y dociau y bore yma . . . ar y newyddion saith o'r gloch."

"Dywedwch, bòs, beth sy wedi digwydd."

"Mae'r gweithwyr i gyd ar streic."

"Nag ydyn! Streic, myn brain! Pam maen nhw ar streic, bòs?"

"Un o'r dynion wedi cael y sac, a dyna'r gweithwyr i gyd yn cerdded allan."

"Pam roedd y dyn yn cael y sac, bòs?"

"Am ddwyn tomatos."

"Am ddwyn tomatos? O ble roedd e'n dwyn y tomatos?"

"O'r warws ar y doc, ond doedd e ddim wedi dwyn y tomatos, meddai fe. Pan glywais i'r newyddion y bore yma, fe ffoniais i'r dociau ar unwaith, a dyma i chi'r stori, Sam. Roedd y gweithwyr yn storio'r tomatos a'r ffrwythau mewn warws ar y doc, ac roedd un bocs wedi torri. Roedd hanner dwsin o domatos wedi cwympo allan o'r bocs, a dyna lle roedden nhw ar y llawr. Fe gododd dau neu dri o'r dynion y tomatos a'u dodi nhw yn eu pocedi. Prynhawn ddoe roedd hyn. Wel, te, pan oedd un o'r dynion yn cerdded allan drwy'r gatiau mawr, dyna lle roedd e'n bwyta tomato, fel bwyta afal. Fe welodd un o blismyn y dociau fe, a mynd â fe ar unwaith at y bòs."

"Ac yn syth fe gafodd e'r sac," meddai Sam yn syn. "Fe gafodd e'r sac am beth bach fel yna?"

"Do, do. Doedd y tomatos ddim ffit i'w dodi'n ôl yn y bocs ar ôl bod ar y llawr, meddai'r dyn."

peidiwch â smalio, *don't joke*
beth sy wedi digwydd, *what has happened*
gweithiwr/gweithwyr, *worker/s*
myn brain! *stone the crows!*
pam, *why*
am ddwyn, *for stealing*
warws, *warehouse*
pan glywais i, *when I heard*
storio, *to store*
ar unwaith, *at once*

cwympo, *to fall*
codi, *to pick up*
a'u dodi nhw, *and put them*
prynhawn ddoe, *yesterday afternoon*
mynd â (ag), *to take*
syth, *straight*
fel, *like, as*
fe gafodd e'r sac, *he got the sack*
fel yna, *like that*
ar ôl bod, *after being*

14

"Ond roedden nhw'n ddigon ffit i'r dyn eu bwyta," chwerthodd Sam.

"Roedd e wedi'u sychu nhw ar ei gôt, meddai fe."

"Doedden nhw ddim ffit i neb arall wedyn, yn ddigon siŵr," meddai Sam a chwerthin eto.

"Wel, dyna'r stori, Sam, ac mae'r gweithwyr i gyd ar streic. Ond mae un peth arall, a dyma fe. Mae hawl gan y gweithwyr i gymryd pethau o focsys neu fagiau sy wedi torri. Dyna beth

i'r dyn eu bwyta, *for the man to eat them*
sychu, *to wipe*
i neb arall, *for anyone else*

hawl, *right, claim*
cymryd, *to take*
sy wedi torri, *which are broken (see Notes)*

15

maen nhw'n ei ddweud—pethau fel pysgod o focsys sy wedi torri, neu ffrwythau neu datws."

"Ydy hynny'n wir, bòs? Oes hawl ganddyn nhw i gymryd pethau fel yna?" gofynnodd Sam.

"Wn i ddim, ond dyna beth maen nhw'n ei ddweud. Ond dyma'r pwynt nawr, Sam. Mae picedwyr wrth y gatiau nawr. Maen nhw'n atal pawb rhag mynd i mewn i'r dociau. Ac mae'r siopau'n aros am eu tomatos . . . a'u ffrwythau," meddai Mr. Rees.

"Ydy'r streic yn mynd i bara'n hir?" gofynnodd Sam.

"Wn i ddim, Sam, ond fel mae pethau nawr, fe fydd hi'n para'n hir iawn."

"Ac fe fydd y tomatos . . . a'r ffrwythau eraill, efallai, i gyd yn mynd yn ddrwg."

"Dyna fe, Sam. Dydy'r meistri ddim yn barod i siarad â'r dynion. Mae rhaid i'r dynion fynd yn ôl i'w gwaith yn gyntaf. Lleidr ydy'r dyn, meddan nhw, a doedd dim hawl ganddo fe i gymryd y tomatos."

"Beth am y dynion eraill? Roedden nhw wedi cymryd tomatos hefyd. Roedd pob un yn lleidr, os oedd y dyn arall yn lleidr. Gawson nhw y sac?" gofynnodd Sam.

"Naddo, chawson nhw mo'r sac. Roedden nhw wedi bwyta'r dystiolaeth, *evidence,* cyn dod allan o'r warws, ac wrth gwrs, doedd neb yn barod i'w dodi nhw yn y cawl hefyd."

"Wel, te, bòs, y cwestiwn mawr ydy, ydw i'n mynd i lawr i'r dociau, a cheisio pasio'r picedwyr."

dyna beth maen nhw'n ei ddweud, *that's what they say*
ydy hynny'n wir? *is that true?*
oes hawl ganddyn nhw? *have they the right?*
wn i ddim, *I don't know*
atal pawb rhag mynd, *to prevent everyone from going*
aros, *to wait, to await*
para'n hir, *to last a long time*
fe fydd hi'n para, *see Notes on 'bydd'*
efallai, *perhaps*
lleidr / lladron, *thief / thieves*

fel mae pethau nawr, *as things are now*
i'w gwaith, *to their work*
y dynion eraill, *the other men*
os oedd y dyn arall, *if the other man was*
Gawson nhw y sac? *Did they have the sack?*
chawson nhw mo'r sac, *they didn't have the sack*
cyn dod allan, *before coming out*
i'w dodi nhw, *to put them*
yn y cawl, *in the soup*
ceisio, *to try*

16

"Ceisio ydy'r gair, Sam. Efallai bydd y picedwyr yn troi'n gas. Ond mae'r siopau'n aros am y tomatos a'r ffrwythau."

"Rydych chi wedi dweud hynny unwaith, bòs. Oes llawer o bicedwyr wrth y gatiau?" gofynnodd Sam.

"Hanner dwsin."

"Hanner dwsin . . . Hmmmm . . . Ydy'r gatiau ar agor?"

"Fe ofynnais i'r cwestiwn ar y ffôn. Ydyn, mae'r gatiau ar agor. Plismyn y dociau sy'n agor y gatiau, ac mae dau neu dri wrth y gatiau nawr gyda'r picedwyr," atebodd Mr. Rees. "Ydych chi am ei cheisio hi, Sam?"

"Ydw. Dydw i ddim ar streic."

"Da iawn, Sam."

Fe aeth Mr. Rees a Sam i mewn i'r sied fawr lle roedden nhw'n cadw'r menni a'r lorïau. Dringodd Sam i mewn i gaban ei fen a chychwyn yr injan. Brrrmmmm! Brrrmmmm! a'r injan yn rhuo. Sôn am swn! Roedd rhaid i Mr. Rees ddodi ei fysedd yn ei glustiau i gadw'r swn allan, ond chwerthin roedd Sam. Roedd hyn fel seremoni bob bore—Sam yn rhuo'r injan a Mr. Rees yn dodi ei fysedd yn ei glustiau i gadw'r swn allan.

"Pob lwc, Sam," gwaeddodd Mr. Rees.

"Fe fydd eisiau lwc," gwaeddodd Sam yn ôl.

Ac ar ei ffordd i lawr i'r dociau wedyn, meddwl roedd Sam, "Sut rydw i'n mynd drwy'r picedwyr yna? Fyddan nhw'n troi'n gas, tybed? Fyddan nhw'n ceisio fy atal i rhag mynd drwy'r gatiau? Wrth gwrs, does dim hawl ganddyn nhw i godi dwylo yn fy erbyn i. Mae hawl ganddyn nhw i siarad a cheisio fy mherswadio i i beidio â mynd i mewn, ond dim hawl i fy atal i rhag mynd. Wel, dyna ddywedodd y Prif Weinidog sbel yn ôl . . ."

ar agor, *open*	meddwl roedd Sam, *Sam was thinking*
ei cheisio hi, *to try it*	sut rydw i, *how am I*
dringo, *to climb*	codi dwylo, *to raise hands*
cychwyn yr injan, *to start the engine*	yn fy erbyn i *against me*
rhuo, *to roar*	fy mherswadio i, *to persuade me*
sôn am swn! *talk about a noise!*	i beidio â mynd, *not to go*
bys/edd, *finger/s*	dyna ddywedodd y Prif Weinidog,
clust/iau, *ear/s*	*that's what the Prime Minister said*
ar ei ffordd, *on his way*	sbel yn ôl, *a while ago*

Roedd y gatiau mawr i'r dociau ar agor, a dyna lle roedd y picedwyr yn sefyll, pob un fel pengwin (ond heb ei wasgod wen), a'u dwylo yn eu pocedi neu'n smocio. Hanner dwsin? Na, roedd dwsin yno, siŵr o fod, ac roedd golwg sur ar wyneb pob un ohonyn nhw. Roedd dau blismon yno hefyd.

Pan welodd y picedwyr Sam yn dod yn ei fen, dyma nhw i gyd yn codi eu dwylo i'w atal e rhag mynd drwy'r gatiau.

"Arhoswch!" meddan nhw. "Does neb yn mynd drwy'r gatiau yma."

Roedd rhaid i Sam aros neu redeg drostyn nhw. Fe agorodd e ffenestr ei gaban, a gofyn,—

"Beth sy'n bod?"

"Rydyn ni ar streic," atebodd un o'r picedwyr. Fe oedd arweinydd y grŵp—roedd e'n edrych yn bwysig iawn, beth bynnag.

"O . . . Wel, wel! A chi ydy arweinydd y picedwyr?" meddai Sam wrth y dyn.

"Ie, fi ydy'r arweinydd, a does neb yn mynd drwy'r gatiau yma heb ofyn i mi."

"O!" meddai Sam eto. "Wel, te, os gwelwch yn dda . . . . os gwelwch yn dda . . . syr . . . ga i fynd i'r warws i nôl llwyth o domatos a ffrwythau. Syr, ga i?"

"Tomatos? Tomatos?" gwaeddodd yr arweinydd. "Tomatos ydy achos y streic yma."

"Achos y streic? Beth sy gan domatos i'w wneud â'r streic . . . syr?" gofynnodd Sam. Roedd e'n gwybod, wrth gwrs. Roedd Mr. Rees wedi dweud y stori i gyd wrtho fe.

"Fe gymerodd un o'n gweithwyr ni domato oddi ar y llawr a'i fwyta fe, ac fe gafodd e'r sac. Dyna achos y streic."

"Un tomato bach ac mae'r dociau i gyd ar streic! Wel, wel! Dim ond un tomato bach . . ." meddai Sam.

---

heb ei wasgod wen, *without his white waistcoat*
siŵr o fod, *sure to be*
pob un ohonyn nhw, *every one of them*
does neb yn mynd, *no one goes*
arweinydd, *leader*
pwysig, *important*

beth bynnag, *whatever*
heb ofyn i mi, *without asking me*
ga i fynd? *may I go?*
achos, *cause (because)*
Fe gymerodd un o'n gweithwyr ni, *one of our workmen took*

"Wel . . . un neu ddau . . ."

"Neu dri neu bedwar," meddai Sam a gwên ar ei wyneb. Roedd rhaid i'r arweinydd wenu hefyd.

"Wel, tri neu bedwar," meddai fe.

"Mae'r siopau'n aros am eu tomatos," meddai Sam.

"Does dim ots gen i. Mae'r tomatos yn aros yn y warws."

"Ydy'r streic yn mynd i bara'n hir . . . syr?"

"Pan fydd y meistri'n barod i siarad â ni, a rhoi ei waith yn ôl i'r dyn sy wedi cael y sac, fe fyddwn ni'n barod i ddechrau gweithio eto," meddai'r arweinydd.

"Fe fydd y tomatos yn mynd yn ddrwg . . . syr," meddai Sam.

"Does dim ots gen i. A pheidiwch â dweud 'syr' o hyd. Dydw i ddim yn 'syr'. Gweithiwr ydw i. Un o'r proletariat. Jim Morgan, un o'r proletariat, dyna pwy ydw i."

"Fi hefyd. Rydw i'n un o'r proletariat hefyd . . . syr . . ." atebodd Sam.

"Dyna chi eto. Peidiwch â dweud 'syr' o hyd."

"Ond chi ydy'r bòs yma heddiw."

"Ie, fi ydy'r bòs."

"Mae'n iawn i fi ddweud 'syr', felly," meddai Sam a golwg slei yn ei lygaid.

"Wel . . . ymmmm . . . wel . . ." atebodd yr arweinydd yn araf. "Ydy . . . efallai . . . Ydy, mae'n iawn i chi ddweud 'syr', felly."

"Wel, ydy, wrth gwrs. Mae golwg 'syr' arnoch chi, chi'n gwybod."

"Y?" meddai'r arweinydd ac edrych ar Sam. Roedd golwg

---

gwên, *smile* (gwenu, *to smile*)
does dim ots gen i, *I don't care*
i'r dyn sy wedi cael y sac, *to the man who has had the sack*
A pheidiwch â dweud 'syr' o hyd, *Don't keep on saying 'sir'*
dyna pwy ydw i, *that's who I am*
mae'n iawn i fi ddweud, *it's right for me to say*

a golwg slei yn ei lygaid, *with a sly look in his eyes*
yn araf, *slowly*
felly, *so, therefore*
mae golwg 'syr' arnoch chi, *you have the look of a 'sir'*

20

'oen bach' ar wyneb Sam. "Oes, wir? Na . . . smalio rydych chi. Tynnu fy nghoes rydych chi."

"Tynnu eich coes, wir! Na, rydw i'n dweud y gwir."

"Y gwir . . . Wel . . . ymmmmm," meddai'r arweinydd a rhoi ei ben drwy ffenestr y caban.

"Dyn tal a hardd fel chi," meddai Sam yn dawel yng nghlust y dyn. Yna'n sydyn, "Pwy ydy eich Aelod Seneddol chi?"

"Aelod Seneddol? O, rhyw Dori, siŵr o fod."

"Tori? Ach-y-fi!" meddai Sam.

"Ie, ach-y-fi," atebodd yr arweinydd.

"A chi ydy arweinydd y dynion yma . . . gweithwyr y doc-iau?"

"Ie, fi ydy'r arweinydd."

"Rydych chi'n edrych fel arweinydd hefyd . . . syr. Person-oliaeth, chi'n gwybod. Ie, personoliaeth. Mae personoliaeth fawr gennych chi. Rydych chi'n ddigon ffit i fod yn Aelod Sen-eddol eich hunan," meddai Sam yn dawel o hyd yng nghlust y dyn. Doedd y dynion eraill ddim yn clywed un gair.

"Ydych chi'n meddwl?" gofynnodd yr arweinydd. Roedd e wedi colli ei olwg sur nawr. Yn wir, roedd e'n edrych yn llon . . . ac yn bwysig . . . Aelod Seneddol . . . Hmmmm, wir! Roedd ei frest e'n fawr fel brest ceiliog. Ac meddai Sam yn slei fach eto,—

"Mae eisiau dynion da fel chi yn y Senedd yn Llundain. Jim Morgan, Aelod Seneddol! Arweinydd y gweithwyr! Mae'n swnio'n dda, Jim."

"Ydy . . . yn swnio'n dda iawn . . . yn dda, dda iawn. Diawcs! Fe fydda i'n Aelod Seneddol ryw ddydd hefyd. Beth ydy'ch enw chi?"

---

oen bach, *little lamb (innocent)*
Oes, wir? *Is there indeed?*
y gwir, *the truth*
dyn tal a hardd, *a tall and handsome man*
Aelod Seneddol, *Member of Parliament*
rhyw Dori, *some Tory*
personoliaeth, *personality*

eich hunan, *yourself*
colli, *to lose*
llon, *cheerful, happy*
brest, *breast*
ceiliog, *cockerel*
senedd, *parliament (senate)*
mae'n swnio'n dda, *it sounds good*
Diawcs! *Heck!*

"Sam Tomos, un o'r proletariat fel chi, Jim. Fe fydda i'n fotio i chi, Jim."

"Diolch . . . diolch yn fawr."

Smalio roedd Sam, wrth gwrs, ac yn chwerthin iddo'i hun. Roedd e'n chwarae â'r dyn yma fel cath yn chwarae â llygoden, ac meddai fe,—

"Fe fydd pawb yn eich gweld chi ar y stryd, ac fe fyddan nhw'n gofyn, 'Pwy ydy'r dyn hardd yna?' A'r ateb, wrth gwrs, 'Dyna Jim Morgan, ein Haelod Seneddol ni."

"Ew! Ew! Mae'n swnio'n dda."

"Ac fe fydd yn wir, Jim . . . ryw ddydd. Chi ydy'r arweinydd yma, a dyna ddechrau. A rhyw ddydd, chi fydd arweinydd y gweithwyr i gyd . . . Dim ond codi eich bys, Jim, ac fe fydd pawb yn rhedeg atoch chi. Rydych chi'n ddyn pwysig nawr, ond pan fyddwch chi'n Aelod Seneddol, wel . . . Meddyliwch, Jim!"

"He . . . ew! Rydw i *yn* meddwl."

"A'ch gwaith chi, Jim, fydd ymladd y meistri . . . eu hymladd nhw yn y swyddfa . . . yn y senedd . . ."

"Hew! Eu hymladd nhw," a chaeodd Jim ei ddyrnau fel dyn yn barod i ymladd. "Sssssss!" meddai fe drwy ei ddannedd.

"A meddyliwch eto, Jim. Rydych chi'n colli arian bob munud rydych chi'n sefyll wrth y gatiau yma . . . Colli arian, Jim. Ydych chi'n cael arian streic, Jim?"

"Nag ydyn."

"Wel, dyna fe, Jim. Mae rhaid i chi fynd at y meistri . . . fel Mohamed yn mynd at y mynydd."

"E? Mohamed? Pwy ydy e?"

"Chi'n gweld, Jim, y mynydd ydy'r meistri a chi ydy Mohamed. Mae'r meistri'n eistedd ar eu pen-olau mawr, a dydyn nhw ddim yn symud. Felly, mae rhaid i chi, Mohamed, fynd at y mynydd . . . mynd at y meistri yn syth. Yn syth, Jim."

ymladd, *to fight*	arian streic, *strike money*
swyddfa, *office*	mynydd, *mountain*
dyrnau, *fists*	ar eu pen-olau, *on their backsides*
drwy ei ddannedd, *through his teeth*	symud, *to move*

"Ond fyddan nhw ddim yn barod i siarad â fi. Mae rhaid i'r dynion fynd yn ôl at eu gwaith yn gyntaf, meddan nhw."

"O, maen nhw fel mulod . . . yn dwp fel mulod. Ond dydych chi ddim yn dwp, Jim. Mae rhaid i rywun ddechrau siarad, a chi ydy'r dyn i ddechrau'r siarad. Mae rhaid i Mohamed fynd at y mynydd, Jim."

Edrychodd Jim Morgan ar Sam. Beth oedd ym meddwl y dyn yma yn y fen? Beth oedd ei enw fe nawr? Sam! Ie, dyna fe. Yn sydyn fe ddaeth fflach i lygaid Jim. Roedd e'n deall!

"Wrth gwrs, rydw i'n deall," meddai fe. "Rydw i'n gwybod beth mae rhaid i fi ei wneud. Mae Mohamed yn gwybod. Rydw i'n mynd yn syth at y meistri."

"Ac mae'r streic ar ben, Jim?" gofynnodd Sam yn slei fach.

"Ydy, mae'r streic ar ben. Rydw i'n mynd i ymladd y meistri yn eu swyddfa, ac fe fydda i'n dweud wrthyn nhw, 'Mae'r dynion yn ôl wrth eu gwaith. Nawr, siaradwch a siaradwch yn gyflym, neu fe fyddan nhw allan ar streic unwaith eto, ac fe fydd y streic nesaf yn para'n hir, hir."

Edrychodd Jim o'i gwmpas ac roedd tân yn ei lygaid.

"Dyna fe, Jim. Ardderchog . . . Ardderchog yn wir," meddai Sam, ac yna'n dawel, "Ga i fynd i'r warws nawr?"

"Cewch mewn munud," atebodd Jim, a throi at y picedwyr a chodi ei lais, "Gwrandewch, frodyr! Mae'r streic ar ben. Rydw i'n mynd . . ."

Ond dyma'r picedwyr yn codi eu lleisiau hefyd.

"Na! Na! Dydy'r streic ddim ar ben. Beth am Twm Tomato? Fydd e'n cael ei waith yn ôl?" (Roedd e wedi cael yr enw 'Twm Tomato' achos roedd e mor hoff o domatos, ac roedd e'n dew ac yn goch fel tomato hefyd.)

---

yn dwp fel mulod, *dull as mules*
mae rhaid i rywun, *someone must*
Roedd e'n deall, *He understood*
beth mae rhaid i fi ei wneud, *what I must do*
ar ben, *at an end, is ended*
yn ôl wrth eu gwaith, *back at their work*
cyflym, *fast*

ardderchog, *excellent*
Cewch mewn munud, *You shall in a minute*
llais/lleisiau. *voice/s*
brodyr, *brothers*
mor hoff o domatos, *so fond of tomatoes*
tew, *fat*

24

"Bydd, bydd," gwaeddodd Jim. "Fe fydd Twm yn cael ei waith yn ôl. Gwrandewch nawr, frodyr. Rydyn ni'n dwp i sefyll wrth y gatiau yma. Rydyn ni'n colli arian bob munud rydyn ni'n sefyll yma. Rydw i'n mynd at y meistri nawr, y mulod twp, ac rydw i'n mynd i roi fy nhroed i lawr yn drwm . . . yn drwm, drwm, drwm."

"Ta-ta-ta-ta-ta-ta . . . ta!" canodd un o'r picedwyr ar y dôn *Come to the cookhouse door, boys.*

"Bwm-bwm-bwm," gwaeddodd un arall fel dyn yn curo drwm.

"Dyna fe, Jim," gwaeddodd trydydd picedwr. "Rhowch eich troed i lawr yn drwm. Yn drwm, drwm, drwm."

A dyna rai o'r picedwyr yn gweiddi gyda'i gilydd.—

"Yn drwm, drwm, drwm . . . yn drwm, drwm, drwm . . ." a rhai yn canu,—

"Ta-ta-ta-ta-ta-ta . . . ta; ta-ta-ta-ta-ta-ta . . . ta!"

Sôn am sŵn! A chwerthin mawr wedyn. Cododd Jim ei law, ac roedd pawb yn dawel.

"Rydyn ni'n colli arian wrth sefyll wrth y gatiau yma. Mae rhaid i ni ymladd y meistri, a'r lle i'w hymladd nhw ydy yn eu swyddfa, ac nid wrth y gatiau yma. Felly, rydw i'n mynd nawr i ymladd y meistri yn eu swyddfa, ni un ochr i'r bwrdd a nhw yr ochr arall."

"Ie, ymladd, ymladd, ymladd," gwaeddodd y dynion.

"A nawr mae'r streic ar ben," gwaeddodd Jim. "Pawb yn ôl at eu gwaith. Ydych chi'n cytuno? Codwch eich dwylo!"

Oedd, roedd pob un yn cytuno. Fe gododd pob un ei law, a gweiddi,—

"Cytuno, cytuno, cytuno! Da iawn, Jim!"

"O'r gorau," meddai Jim Morgan. "Rydw i'n mynd nawr i'r swyddfa," a throi i fynd.

---

trwm, *heavy*
ar y dôn, *to the tune*
yn curo drwm, *beating a drum*
trydydd, *third*
yn gweiddi gyda'i gilydd, *shouting together*

a'r lle i'w hymladd nhw, *and the place to fight them*
un ochr i'r bwrdd, *one side of the table*
cytuno, *to agree*

"Hei, Jim, beth amdana i?" gwaeddodd Sam o'i gaban. "Ga i fynd i mewn nawr? Mae'r streic ar ben."

Daeth Jim yn ôl ato fe.

"Cewch, cewch. Ymlaen â chi."

"Diolch, Jim. Diawcs, roeddech chi'n dda. Welais i erioed mo Lloyd George, ond roeddech chi'n debyg iawn iddo fe, Jim Morgan, Aelod Seneddol!"

Chwerthin yn dawel i lawr yn ei fol roedd Sam. Canodd gorn y fen ac i mewn â fe drwy'r gatiau a wincio ar y ddau blismon wrth basio. Roedden nhw'n edrych yn syn a'u cegau ar agor. Welson nhw erioed mo streic yn dod i ben mor sydyn. Winciodd un ohonyn nhw'n ôl ar Sam. Y dyn yma yn y fen oedd wedi setlo'r streic, roedd e'n siŵr . . . ac roedd e'n iawn . . .

Wrth gwrs, fe gafodd y papurau y stori i gyd am setlo'r streic . . . wel, fe gawson nhw stori Jim Morgan yn setlo'r streic. Doedd dim sôn am y dyn yn y fen a beth wnaeth e. Ac roedd Jim ar y teledu yn y nos, ac fe siaradodd e'n dda hefyd a sôn llawer am Mohamed, fel roedd Mohamed wedi mynd at y mynydd. Roedd e'n hapus fel dyn wedi cael ffortiwn, ac yn ei feddwl ei hunan, roedd e ar y ffordd i'r Senedd yn Llundain . . . Jim Morgan, M.P. ac A.S. (Roedd rhai pobl yn barod i roi 'S' arall ar ôl ei enw!)

Pan gyrhaeddodd Sam yn ôl i'r iard ar ôl bod rownd y siopau â'r tomatos a'r ffrwythau, meddai Mr. Rees wrtho fe,— "Roeddech chi'n lwcus, Sam. Doedd dim rhaid i chi ymladd

beth amdana i? *what about me?*
Welais i erioed mo Lloyd George, *I never saw Lloyd George*
yn debyg iawn iddo fe, *very much like him*
Canodd gorn y fen, *He sounded the van's horn*
wincio, *to wink*
syn, *amazed*
fel roedd Mohamed wedi mynd, *how*

Mohamed had gone
Welson nhw erioed mo streic, *They never saw a strike*
yn dod i ben mor sydyn, *coming to an end so suddenly (quickly)*
fe gawson nhw stori Jim, *they got Jim's story*
doedd dim sôn, *there was no mention*
a beth wnaeth e, *and what he did*

â'r picedwyr. Roedd y streic wedi'i setlo cyn i chi gyrraedd y doc."

"Nag oedd, doedd y streic ddim wedi'i setlo cyn i fi gyrraedd," atebodd Sam. "Chi'n gweld, bòs, fi setlodd y streic."

"Chi, Sam?" meddai Mr. Rees yn syn. "Sut, Sam, sut?"

"Smalio, bòs. Ie, smalio . . . tynnu coes. Rydych chi'n dweud wrtho i'n aml, 'Peidiwch â smalio, Sam.' Ond mae smalio'n talu weithiau. Fe dalodd y bore yma, ar ôl smalio a thynnu coes Jim Morgan."

Winciodd Sam ar y bòs a cherdded i ffwrdd. Roedd e'n chwerthin yn braf, ond crafu ei ben roedd Mr. Rees. Doedd e ddim yn deall . . . doedd e ddim yn deall o gwbl . . .

cyrraedd, *to reach, to arrive*
cyn, *before (see Notes)*
yn aml, *often*
talu, *to pay*

crafu, *to scratch*
weithiau, *sometimes*
o gwbl, *at all*

28

2. Y Piano

Diwrnod yn yr haf oedd hi ac roedd Sam wedi bod ar siwrnai hir i lawr i'r hen Sir Benfro, a nawr roedd e'n sefyll yn y sied fawr lle roedden nhw'n cadw'r menni a'r lorïau. Roedd e'n cael cwpanaid o de ar ôl ei siwrnai hir pan ddaeth Mr. Rees, y bòs, i mewn i'r sied. Roedd e ar frys mawr.

"Helo, bòs," meddai Sam, "cael cwpanaid cyn i fi roi'r fen yn ei gwely a mynd adref. Mae cwpanaid yn y tebot os ydych chi eisiau un."

"Does dim amser i gwpanaid nawr, ac mae arna i ofn fod rhaid i chi fynd allan eto, Sam," atebodd Mr. Rees.

"Mynd allan eto?" meddai Sam yn syn. "Mae hi'n dri o'r gloch, ac rydw i wedi gweithio wyth awr heddiw. Roeddwn i'n cychwyn o'r iard am chwech o'r gloch y bore yma. Mae hi'n siwrnai hir i lawr i'r hen Sir Benfro ac yn ôl."

"Fe wn i, Sam, ond mae cwmni pianos o'r ddinas wedi bod ar y ffôn. Maen nhw eisiau i ni fynd â phiano i lawr i ffarm yn y Fro."

"Yfory, bòs, yfory. A pheth arall, does dim eisiau men fawr fel fy men i i gario piano bach."

"Dim ond eich men chi sy i mewn, Sam. Mae'r menni eraill i gyd allan, ac felly, mae rhaid i chi fynd â'r piano yma i lawr i'r fferm."

"Yfory, bòs, yfory."

"Na, Sam, heddiw . . . nawr, y prynhawn yma, ac ar frys hefyd."

diwrnod, *day*
lle roedden nhw'n cadw, *where they kept*
ar frys mawr, *in a great hurry*
cyn i fi roi, *before I put (see Notes on 'cyn')*
mae arna i ofn, *I'm afraid*
fod rhaid i chi, *that you must (see Notes on 'bod' construction)*

wyth awr, *eight hours*
fe wn i, *I know*
cwmni, *company*
dinas, *city*
y Fro, *the Vale (of Glamorgan)*
y menni eraill, *the other vans*
ar frys, *hurriedly, in a hurry*
yfory, *tomorrow*

"Ond pam, bòs? Pam heddiw? Fydd y piano ddim yn mynd yn ddrwg . . . fel . . . fel tomatos mewn warws."

"Rydych chi'n gofyn pam, Sam. Wel, dyma pam. Mae'r ffermwr wedi prynu'r piano yma yn anrheg ben-blwydd i'w ferch, ac mae'r ferch yn cael ei phen-blwydd heddiw, ac felly, mae rhaid iddi hi gael ei hanrheg heddiw," meddai Mr. Rees.

"O . . . o . . . Rydw i'n gweld."

"Dydy'r ferch ddim yn gwybod ei bod hi'n mynd i gael y piano newydd sbon yma, ac mae'r ffermwr a'i wraig eisiau rhoi syrpreis iddi hi pan fydd hi'n dod adref o'r ysgol y prynhawn yma."

"O . . . o . . ." Dyna i gyd roedd Sam yn gallu ei ddweud.

"Chi'n gweld, Sam, mae piano gan y ferch, ond mae e'n un hen, mor hen mae'n amhosibl ei diwnio fe. Ac mae'r ferch yn gallu chwarae'r piano yn dda iawn. Dyna ddywedodd dyn y siop. Rydych chi'n gallu chwarae'r piano, Sam, a chwarae'n dda iawn hefyd, ond dydych chi ddim yn hoffi chwarae piano sy allan o diwn."

"Na . . . na . . ., bòs. Rydych chi'n dweud y gwir."

"A dydych chi ddim eisiau siomi'r ferch, Sam?"

"Siomi'r ferch? Ond dydy hi ddim yn gwybod ei bod hi'n mynd i gael piano newydd sbon. Mae'r piano i fod yn syrpreis iddi hi. Dyna ddywetsoch chi eich hunan," meddai Sam.

"Wel, siomi'r tad a'r fam. Maen nhw'n edrych ymlaen at weld wyneb y ferch pan fydd hi'n gweld y piano newydd, a'r hen biano allan-o-diwn wedi mynd."

"Hy! Fydd rhaid i fi ddod â'r hen biano yn ôl gyda fi?"

"Bydd, mae arna i ofn."

prynu, *to buy*
anrheg ben-blwydd, *birthday present*
ei bod hi'n mynd, *see Notes on 'bod' construction*
newydd sbon, *brand new*
dyna i gyd, *that was all*
roedd Sam yn gallu ei ddweud, *that Sam could say*
mor hen, *so old*
sy allan o diwn, *which is out of tune (see Notes on link word 'sy')*

mae'n amhosibl ei diwnio fe, *it's impossible to tune (it)*
Dyna ddywedodd dyn y siop, *That's what the shop man said*
siomi, *to disappoint*
Dyna ddywetsoch chi eich hunan, *That's what you yourself said*
ymlaen, *forward*
dod â'r hen biano yn ôl, *bring the old piano back*

"Beth ydy enw'r siop bianos yma, bòs?"

"Siop Hansen yn Heol y Frenhines."

"Hansen? Ond mae gan Hansen eu men eu hunain, rydw i'n gwybod."

"Mae hi wedi torri i lawr. Rhyw sŵn od yn yr injan, meddan nhw. Rydych chi'n gwybod, Sam, fod pob job yn bwysig y dyddiau yma. Mae pob job yn dod ag arian i mewn, ac wrth gwrs, fe fyddwn ni yn eich talu chi am weithio dros amser."

"*Double time,* bòs?"

"*Time and a half,* Sam."

"Arian dwbwl, bòs, neu fe fydda i'n mynd ar streic."

Chwerthin roedd Sam. Doedd e ddim yn un sy'n mynd ar streic am ddim byd fel pawb arall y dyddiau yma, ac roedd Mr. Rees yn gwybod hynny'n dda.

"Popeth yn iawn, bòs. Peidiwch â phoeni. Rydw i'n barod i fynd am *time and a half* i blesio'r ffermwr yma a'i wraig. Dydw i ddim eisiau eu siomi nhw na'r ferch."

"Da iawn, Sam. Nawr, gwrandewch! Mae hi'n chwarter wedi tri nawr, ac fe fydd merch y ffermwr yn cyrraedd adref o'r ysgol am hanner awr wedi pedwar. Dyna ddywedodd Hansen ar y ffôn. Felly, mae gennych chi hanner awr i fynd i siop Hansen a llwytho'r piano, a hanner awr i fynd i lawr i'r Fro. Fe fyddwch chi'n cyrraedd y fferm am chwarter wedi pedwar, chwarter awr cyn i'r ferch ddod adref o'r ysgol. Meddyliwch mor hapus fydd y ferch pan fydd hi'n gweld y piano newydd sbon yma."

"Dydw i ddim yn gwybod eto i ble rydw i'n mynd â'r piano, bòs. Beth ydy enw'r fferm?"

"Enw'r fferm ydy Gwern Isaf. Mae hi tua milltir o bentref Fonmon. Rydw i'n siŵr eich bod chi'n gwybod am y lle."

---

eu men eu hunain, *their own van*
gweithio dros amser, *working over time*
popeth yn iawn, *it's all right*
peidiwch â phoeni, *don't worry*
plesio, *to please*

llwytho, *to load*
meddyliwch mor hapus fydd y ferch, *think how happy the girl will be*
tua milltir, *about a mile*
pentref Fonmon, *the village of Fonmon*

"Rydw i'n gwybod lle mae Fonmon, ond dydw i ddim yn gwybod lle mae fferm Gwern Isaf."

"Rhaid i chi ofyn i rywun yn y pentref. Fe wn i fod eich tafod chi'n ddigon hir, Sam."

"Smalio, e, bòs?"

"Efallai. Beth bynnag, doedd Hansen ei hunan ddim yn gwybod yn iawn ble roedd y fferm, dim ond ei bod hi tua milltir ar ôl i chi fynd drwy Fonmon. Fe fyddwch chi yno mewn pryd, Sam? Brys, cofiwch."

"Byddaf, byddaf; fe fydda i yno mewn pryd . . . cyn i'r cloc daro hanner awr wedi pedwar . . . wel, cyn i'r ferch gyrraedd adref o'r ysgol."

"Mae'n siŵr bod digon o betrol gyda chi yn y fen ar ôl i chi fod i lawr i Sir Benfro?"

"Oes. Rydw i wedi'i llanw hi yn barod erbyn y bore. O'r gorau, bòs. Rydw i ar y ffordd i Siop Hansen y Pianos."

"Da iawn, Sam. Ac fe fyddwch chi'n cyrraedd mewn pryd cyn i'r ferch . . ."

"Rydw i wedi dweud unwaith. Byddaf, fe fydda i'n cyrraedd mewn pryd."

Dyn bach nerfus oedd Mr. Rees fel rydych chi'n deall erbyn hyn. Roedd arno fe ofn bob amser i rywbeth ddigwydd i'r menni neu'r lorïau, ncu i'r pethau ynddyn nhw.

Stopiodd Sam y fen y tu allan i siop Hansen yn Heol y Frenhines ac i mewn â fe yn syth i'r siop. Daeth dyn bach â thrwyn mawr coch ar unwaith ato fe . . . Mr. Hansen ei hunan. Roedd Sam yn siŵr bod llawer o whisgi wedi mynd i lawr ei gorn gwddw fe.

"Rydw i wedi dod i nôl y piano sy i fynd i lawr i fferm Gwern Isaf yn y Fro," meddai Sam wrth y dyn bach.

"O, diolch eich bod chi wedi dod. Maen nhw'n aros am y

tafod, *tongue*
mewn pryd, *in time*
erbyn hyn, *by this time*
yn barod erbyn y bore, *ready for the morning*
nerfus, *nervous*

fel rydych chi'n deall, *as you understand*
â thrwyn mawr coch, *with a big red nose*
Mr. Hansen ei hunan, *Mr. Hansen himself*
corn gwddw, *wind pipe, throat*

32

piano i lawr ar y fferm. Anrheg ben-blwydd i'r ferch, chi'n gwybod. Mae rhaid i'r piano fod yno cyn hanner awr wedi pedwar pan fydd y ferch yn dod adref o'r ysgol," meddai Mr. Hansen.

"Rydw i wedi cael y stori i gyd gan Mr. Rees," atebodd Sam. "Ble mae'r piano?"

"Dyma fe," meddai Mr. Hansen. "On'd ydy e'n un pert?"

Edrychodd Sam arno mewn syndod.

"Wel!" meddai fe mewn ecstasi. "Mae e . . . mae e'n ardd-erchog."

Piano bach modern iawn oedd e, ac roedd e ar agor. Aeth Sam ato a rhedeg ei fysedd i fyny ac i lawr y nodau du a gwyn, a dechrau chwarae tipyn o fiwsig, miwsig honci-tonc.

"Ardderchog! Ardderchog!" meddai fe. "Fe fydd y ferch yn ei seithfed nef. Gwrandewch ar ei dôn, Mr. Hansen. O, ardd-erchog yn wir."

Roedd Mr. Hansen yn gwrando, ac yn gwrando'n syn fod gyrrwr lori neu fen yn gallu chwarae'r piano mor dda.

"Rydych chi'n chwarae'r piano yn dda iawn," meddai fe mewn syndod.

"Dydy pob gyrrwr lori ddim yn dwp, Mr. Hansen. Ydw, rydw i'n gallu chwarae'r piano; rydw i'n gallu canu hefyd. Hoffech chi gael cân fach nawr? Beth am 'Arafa, don' neu 'Yr Hen Gerddor', neu rywbeth mwy modern, efallai."

"Fe hoffwn i'n fawr . . . ond . . . ond does dim amser nawr."

"Nag oes . . . nag oes. Tynnu eich coes roeddwn i. Oes rhywun yma i helpu i lwytho'r piano ar y fen?" gofynnodd Sam.

"Oes, mae Peter yn y cefn," atebodd Mr. Hansen, a dyna fe'n galw arno fe.

on'd ydy e? *isn't it*
mewn syndod, *in surprise*
y nodau du a gwyn, *the black and white notes*
tipyn o fiwsig, *a bit of music*
yn ei seithfed nef, *in her seventh heaven*
tôn, *tone*

gyrrwr lori, *lorry driver*
hoffech chi gael, *would you like to have*
neu rywbeth mwy modern, *or something more modern*
fe hoffwn i'n fawr, *I would like it very much*
yn y cefn, *in the back*

33

"Fydd e'n dod gyda fi i gario'r piano o'r fen i mewn i'r fferm?"

"Na fydd, mae arna i ofn. Mae rhaid iddo fe fynd â'n fen ni i'r garej. Mae rhyw sŵn od yn yr injan. Fe fydd e'n mynd yn syth ar ôl iddo fe eich helpu chi i lwytho'r piano. Ond fe fydd Mr. Prydderch y ffermwr, a'r dyn sy'n gweithio ar y fferm, yn barod i helpu ar ôl i chi gyrraedd. Rydw i wedi ffonio Mr. Prydderch . . . Rydych chi wedi symud pianos o'r blaen?"

"Ydw, cannoedd ohonyn nhw," atebodd Sam.

"Roeddwn i'n meddwl eich bod chi. Nawrte, rydw i'n cau'r piano ac yn ei gloi, ac rydw i'n rhoi'r allwedd i chi. Dodwch yr allwedd yn saff yn eich poced, a pheidiwch â'i cholli hi," meddai Mr. Hansen trwyn coch. "A pheth arall, Mr . . . ym . . ."

"Sam Tomos ydy'r enw. Beth ydy'r peth arall?"

"Y troli, Mr. Thomas. Rhaid i chi fynd â'r troli gyda chi i'ch helpu chi i symud y piano o'r fen i'r fferm."

"Fe fydd y troli yn help mawr," atebodd Sam.

"Ac fe fyddwch chi'n siŵr o ddod â'r troli yn ôl, Mr. Thomas?" meddai Mr. Hansen; roedd e'n rhwbio'i ddwylo fel rhyw hen Shylock. "Heno?"

"Yfory, gyda'r hen biano sy allan o diwn," atebodd Sam.

Mewn deng munud wedyn roedd y piano yn y fen, a'r allwedd yn saff ym mhoced Sam, ac roedd Sam ar ei ffordd i lawr i Fro Morgannwg, ac i fferm Gwern Isaf.

Fe ddaeth e i bentref bach Fonmon, a dyma fe'n edrych ar ei wats. Roedd hi'n ddeng munud wedi pedwar.

"Ugain munud i ffeindio'r fferm."

Fe welodd e wraig ifanc yn gwthio pram, ac fe stopiodd e'r fen.

---

cannoedd ohonyn nhw, *hundreds of them*
cloi, *to lock*
allwedd, *key*
peidiwch â'i cholli hi, *don't lose it*
rhwbio, *to rub*

troli, *trolley*
fel rhyw hen Shylock, *like some old Shylock*
heno, *tonight*
gwraig ifanc, *a young woman*
gwthio, *to push*

"Hei, misus," gwaeddodd Sam, "os gwelwch yn dda, ble mae fferm Gwern Isaf?"

"Fferm Mr. Prydderch?"

"Ie, dyna fe."

"Wel, ewch yn syth ymlaen, a chymerwch yr ail . . . nage . . . y trydydd tro ar y chwith, ac fe fydd y lôn yn eich arwain chi yn syth at y fferm," atebodd y wraig ifanc.

"Diolch yn fawr. Faint o ffordd sy i'r fferm?"

"O, hanner milltir. Ie, hanner milltir . . . wel, tua hanner milltir."

"Diolch yn fawr, misus fach. Peidiwch â rhoi *chewing gum* i'r babi. Da boch chi nawr a diolch yn fawr."

Roedd rhaid i'r wraig fach wenu. *Chewing gum* i'r babi, wir!

Dododd Sam y fen mewn gêr ac i ffwrdd â fe.

Roedd e'n dod at y tro cyntaf ar y chwith allan o'r pentref pan ddaeth tractor mawr allan o'r tro, yn syth o flaen y fen. Neidiodd Sam yn drwm ar y brêc; sgrechiodd y teiars a stopiodd y fen. Ac ar yr un pryd, dyna sŵn mawr y tu mewn i'r fen.

"Y ffŵl dwl!" gwaeddodd Sam ar yrrwr y tractor, ond dim ond chwerthin wnaeth e a gyrru ymlaen fel cath a'i phen-ôl ar dân. Ond y sŵn y tu mewn i'r fen! Beth oedd wedi digwydd?

"Rhaid bod y rhaff sy'n dal y piano yn ei le wedi torri," meddyliodd Sam. "Gwell i fi fynd i edrych."

Neidiodd Sam allan o'i gaban ac agor drws cefn y fen. Oedd, roedd y rhaff wedi torri, ac roedd y piano wedi llithro o'i le.

"Jiw!" meddai Sam. "Mae'r piano'n rhwbio yn ochr y fen nawr. Oes marc rhwbio ar y piano, tybed."

a chymerwch y trydydd tro, *and take the third turning*
ar y chwith, *on the left*
neidio, *to jump*
arwain, *to lead*
lôn, *lane*
faint o ffordd, *how far*
tua hanner milltir, *about half a mile*
peidiwch â rhoi, *don't give*
sgrechian, *to screech, to scream*

ar yr un pryd, *at the same time*
ond dim ond chwerthin wnaeth e, *but he only laughed*
a'i phen-ôl ar dan, *with its back-side on fire*
beth oedd wedi digwydd, *what had happened*
Gwell i fi edrych, *I'd better look*
wedi llithro o'i le, *had slid from its place*

Dringodd Sam i mewn i'r fen. Wrth lwc, doedd dim marc ar y piano; roedd sach rhyngddo fe ac ochr y fen.

"Ffiw! Nag oes, dim marc, diolch i'r mawredd," meddai Sam. "Ond beth am dôn y piano? Ydy e allan o diwn, tybed. Mae sioc fel yna, a'r piano'n llithro yn erbyn yr ochr, yn ddigon i'w roi e allan o diwn. Gwell i fi edrych. Dydy piano ddim gwerth os ydy e allan o diwn, ac mae arna i ofn bydd rhaid siomi'r ferch; wel, siomi ei thad a'i mam; dydy hi ddim yn gwybod ei bod hi'n mynd i gael piano newydd. Syrpreis, te!"

Cymerodd Sam yr allwedd o'i boced ac agor y piano a dechrau chwarae—miwsig honci-tonc eto.

"Na . . . na . . . Mae'r piano'n iawn . . . Dydy e ddim allan o diwn. Hew, piano ardderchog ydy hwn. Mae'n bleser ei chwarae fe. Fe hoffwn i gael piano newydd fel hwn." A dyma ragor o fiwsig honci-tonc.

Roedd Sam yn mwynhau ei hunan yn fawr, a dyma fe'n dechrau canu hefyd. Welodd e mo'r criw o blant yn dod heibio. Plant? Wel, na! Bechgyn a merched tua phedair ar ddeg a phymtheg oed oedden nhw, ac roedd pob un yn gwisgo'r un siwt ysgol. Wrth gwrs, roedd rhaid iddyn nhw stopio pan glywson nhw'r miwsig yn dod o'r fen.

"Helo! Oes cyngerdd yn mynd ymlaen yma?" gofynnodd un o'r merched. "Ewch ymlaen â'r canu. Rydyn ni'n mwynhau gwrando arnoch chi."

"O, helo!" meddai Sam. "Oes, mae cyngerdd yn mynd ymlaen yma. Dewch i mewn i wrando. Mae'r *acoustics* yn well y tu mewn i'r fen. A does dim rhaid i chi dalu."

wrth lwc, *luckily*
sach, *sack*
rhyngddo fe ac ochr y fen, *between it and the side of the van*
diolch i'r mawredd, *thank goodness* (mawredd, *greatness*)
dydy piano ddim gwerth, *a piano is no good* (gwerth, *worth*)
mae'r piano'n iawn, *the piano's all right*
fe hoffwn i gael, *I would like to have*

rhagor, *more*
mwynhau, *to enjoy*
yn fawr, *greatly*
Welodd e mo'r criw o blant, *He didn't see the gang of children*
yn dod heibio, *coming by, past*
yr un siwt ysgol, *the same school suit (uniform)*
cyngerdd, *concert*
Mae'r *acoustics* yn well, *The acoustics are better*

38

"Hŵp-i!" gwaeddodd y criw a dringo i mewn i'r fen.

"Nawrte, beth hoffech chi ei glywed?" gofynnodd Sam. "Dim byd anodd, cofiwch."

"Beth am Rachmaninoff?" gofynnodd un o'r merched.

"Twt! Mae Rachmaninoff yn rhy anodd," meddai merch arall.

"O, nag ydy," atebodd Sam. "Wel, dydy e ddim yn rhy anodd i fi. Nawrte, y 'Preliwd'."

A dyma fe'n dechrau chwarae, ac yn wir, roedd Sam yn mwynhau chwarae a'r bechgyn a'r merched yn mwynhau gwrando.

"Waw, rydych chi'n chwarae'n dda," meddai'r ferch gyntaf. "Ac mae hwn yn biano da."

"Mae e'n newydd sbon," meddai Sam.

"Fe hoffwn i gael piano fel hwn," meddai'r ferch. "Fe ddaeth yr un sy yn ein tŷ ni allan o Arch Noa, ac mae'n amhosibl ei gadw fe mewn tiwn."

"Ydych chi'n gallu chwarae'r piano?" gofynnodd Sam i'r ferch.

Chwerthodd y criw i gyd, ac meddai un o'r merched,—

"Gallu chwarae'r piano? Does neb sy'n well na hi yn yr ysgol. Mae hi wedi pasio gradd wyth am chwarae'r piano."

"Gradd wyth?" meddai Sam mewn syndod. Roedd e'n gwybod mor anodd oedd gradd wyth; roedd e wedi pasio gradd wyth ei hunan. "A beth ydy enw'r Myra Hess yma?"

"Siân," atebodd y ferch. "Siân Prydderch."

"Siân beth?" gofynnodd Sam yn syn.

"Siân Prydderch."

"Ow!" meddai Sam, ac wrtho'i hun, "Beth wna i nawr? Fe fydd hi'n cyrraedd adref cyn i fi ddod gyda'r piano yma."

"Mae hi'n cael ei phen-blwydd heddiw ac rydyn ni i gyd yn mynd i'w pharti," meddai un o'r bechgyn.

Beth hoffech chi ei glywed? *What would you like to hear?*
dim byd anodd, *nothing difficult*
Does neb sy'n well, *There's no one (who is) better*

gradd wyth, *grade eight*
mor anodd oedd gradd wyth, *how difficult grade eight was*
Beth wna i? *What shall I do?*

"Ydych chi, wir!" meddai Sam, ac wrtho'i hunan eto, "O, beth wna i?"

Ond doedd dim rhaid iddo fe feddwl dim rhagor. Dododd Siân ei llaw ar fraich Sam, ac meddai hi,—

"Fe hoffwn i gael tonc ar y piano yma."

"Hoffech chi, wir! Cael tonc? Siŵr iawn," atebodd Sam. "Ond yn gyntaf, mae rhaid i ni gael y piano yma yn ôl i'w le. Mae'r rhaff yma sy'n dal y piano yn ei le wedi torri. Nawrte, gyda'n gilydd i wthio'r piano yn ôl i'w le, ac wedyn clymu'r rhaff unwaith eto."

Roedd pawb yn barod i helpu, ac roedd y piano yn ôl yn ei le, a'r rhaff wedi'i chlymu, mewn fflach.

"Nawrte, Miss Siân Prydderch, beth rydych chi am chwarae? Neu beth hoffai'r criw yma ei glywed?" gofynnodd Sam.

"*Moonlight Sonata*," gwaeddodd un o'r bechgyn.

"O'r gorau," atebodd Siân, a dyma'i bysedd hi'n rhedeg i fyny ac i lawr y nodau cyn iddi hi ddechrau'n iawn ar y *Moonlight*. Gwrandawodd pawb wedyn heb ddweud gair na symud bys. Ac ar ôl iddi hi orffen,—

"Ardderchog," meddai Sam. Roedd e'n gwybod yn iawn ble roedd hi'n byw, ond dyma fe'n gofyn, "Ble rydych chi'n byw, Siân?"

"Yn fferm Gwern Isaf."

"Ac rydych chi i gyd yn mynd i Wern Isaf?"

"Ydyn, ydyn," gwaeddodd y criw gyda'i gilydd. "Rydyn ni'n mynd i'r parti pen-blwydd."

"O'r gorau. Rydw i'n mynd heibio Gwern Isaf. Ydych chi eisiau lifft?" gofynnodd Sam.

"Ydyn, ydyn," gwaeddodd y criw.

"Iawn," meddai Sam. "Beth am gân fach ar y ffordd? Beth hoffech chi ei ganu nawr? Ymmmmm . . . A! Rydw i'n siŵr eich bod chi i gyd yn gwybod 'Moliannwn' Bob Tai'r Felin."

wrtho'i hunan, *to himself*
dim rhagor, *any more (no more)*
Hoffech chi wir? *Would you (like to) indeed?*
clymu, *to tie, to bind*

beth hoffai'r criw yma ei glywed? *what would this gang like to hear?*
heb ddweud gair, *without saying a word*
gorffen, *to finish*
Beth hoffech chi ei ganu? *What would you like to sing?*

"'Moliannwn'? Ydyn, siŵr," oedd yr ateb.

"Siân, beth amdanoch chi? Rydych chi'n ei gwybod hi?" gofynnodd Sam.

Ateb Siân oedd dechrau'r gân ar y piano.

"Ardderchog," meddai Sam. "Nawrte, gwrandewch a gwrandewch yn ofalus. Rydw i'n gadael drws cefn y fen ar agor, ond peidiwch â chwympo allan, da chi. Byddwch yn ofalus, wir. Ond mae rhaid i un ohonoch chi ddod i'r caban gyda fi i ddangos y ffordd at y fferm. Dydw i ddim wedi bod y ffordd yma o'r blaen."

"Fi," meddai bachgen mawr cryf. Roedd e'n edrych yn fwy fel chwaraewr rygbi nag fel un oedd yn hoff o fiwsig.

"Da iawn," meddai Sam. "Nawr, canwch gyda'ch gilydd," ac fe neidiodd e i lawr o'r fen a mynd i mewn i'w gaban, a'r chwaraewr rygbi gyda fe.

"Troi ar y chwith wrth yr ail dro nesaf," meddai'r chwaraewr rygbi, "ac fe fyddwn ni wrth y fferm mewn munud neu ddau."

Pan ddaeth Sam â'r fen at y fferm, roedd Mr. a Mrs. Prydderch a dyn arall yn sefyll wrth y drws. Edrychodd y tri ar y fen mewn syndod. Beth oedd y canu oedd yn dod o gefn y fen, a sŵn piano hefyd?

"Wel, be . . . beth sy'n mynd ymlaen yma?" gofynnodd Mr. Prydderch pan stopiodd y fen.

Neidiodd y plant allan yn canu o hyd. Rhedodd Siân at ei thad.

"O, Dad," meddai hi, "O, fe hoffwn i gael piano fel hwnna sy yn y fen, yn lle yr hen beth sy gen i nawr. Rydw i wedi bod yn ei chwarae fe. Mae e . . . mae e'n ardderchog, a'i dôn e . . . o . . . o . . . fel melfed."

yn ofalus, *carefully*
gadael, *to leave*
peidiwch â chwympo allan, *don't fall out*
da chi, *for goodness sake*
o'r blaen, *before, previously*
yn fwy fel chwaraewr rygbi nag fel un, *more like a rugby player than like one . . .*

un oedd yn hoff o fiwsig, *one who was fond of music (see Notes on link word 'oedd')*
troi ar y chwith, *turn to the left*
beth sy'n mynd ymlaen yma? *what's going on here?*
yn canu o hyd, *still singing*
yn lle, *instead of*
fel melfed, *like velvet*

"Piano . . . yn y fen?" Doedd Mr. Prydderch ddim yn deall beth oedd yn digwydd. Fe edrychodd e ar Sam oedd o hyd yn eistedd yn ei gaban. Rhoddodd Sam winc a nodio'i ben. Doedd dim eisiau dweud rhagor wrth Mr. Prydderch. Roedd e'n deall. Fe droiodd e at ei ferch.

"Piano fel yr un sy yn y fen?" meddai fe. "Twt, na! Dydych chi ddim eisiau piano *fel* yr un sy yn y fen. Beth am yr un sy yn y fen yn barod?"

"Y piano sy yn y fen, Dad?" gofynnodd Siân yn syn.

"Ie, ie. Dyna'ch anrheg ben-blwydd chi, Siân. Y piano sy yn y fen."

Doedd Siân ddim yn gallu credu ei chlustiau ei hunan.

"Fy . . . fy anrheg ben-blwydd?"

Daeth ei mam ati hi.

"Ie, Siân, dyna'ch anrheg ben-blwydd . . . oddi wrth eich tad a fi. Rydyn ni wedi bod yn aros drwy'r prynhawn am y piano—meddwl rhoi syrpreis i chi—a dyma chi a'r piano wedi cyrraedd gyda'ch gilydd."

"O, Mam!" meddai Siân a thaflu ei breichiau am ei mam. "Mam, Mam fach! A Dad hefyd." Aeth at ei thad a thaflu ei breichiau amdano fe hefyd a rhoi cusan fawr iddo fe. "Does neb yn fwy hapus na fi yn y byd." Roedd hi'n dawnsio gan lawenydd . . . Roedd hi yn ei seithfed nef . . .

Roedd digon o help yno, rhwng y bechgyn a Mr. Prydderch a'r dyn oedd yn gweithio ar y fferm, a Sam wrth gwrs, i gario'r piano i mewn i'r tŷ, ac roedd y troli ganddyn nhw. A'r parti wedyn! Does dim eisiau dweud bod pawb wedi mwynhau eu hunain, ac yn ddigon siŵr, doedd neb yn fwy hapus a llon na Siân.

A beth am Sam? Arhosodd e yn y parti? Do, siŵr. Roedd hi wedi un ar ddeg o'r gloch y nos pan gyrhaeddodd e'n ôl i'r iard —ar ôl iddo fe roi lifft yn ôl i'r pentref i'r bechgyn a'r merched

credu ei chlustiau, *to believe her ears*
taflu, *to throw*
cusan, *kiss*
Does neb yn fwy hapus na fi, *There's no one more happy than I*

dawnsio gan lawenydd, *dancing for joy*
Does dim eisiau dweud, *There's no need to say*

hefyd. Ond chwarae teg iddo fe, roedd e wedi ffonio Mr. Rees
i ddweud ei fod e'n aros yng Ngwern Isaf. A doedd e ddim eis-
iau *double time* am yr amser roedd e yn y parti.

3. Gwyneth

Cerddodd Sam Tomos i mewn i iard fawr Cwmni Cludiant Saff. Doedd hi ddim yn wyth o'r gloch eto, ond roedd Mr. Herbert Rees, y perchen, yno'n barod.

"Helo-helo-helo!" meddai Sam. "Rydych chi yma'n gynnar y bore yma, bòs. Beth sy'n bod?"

"Gwaith pwysig, Sam," atebodd Mr. Rees. "Dyna pam rydw i yma mor gynnar."

"O! Beth ydy'r gwaith, bòs?"

"Cwmni *Welsh Preserves* oedd ar y ffôn neithiwr ar ôl i chi fynd adref. Roedden nhw'n gofyn i ni fynd â llwyth i Aberhonddu ac Aberystwyth y bore yma. Ac mae rhaid i'r llwyth gyrraedd y siopau y bore yma. Fe ddywedodd y siopau, meddai *Welsh Preserves,* fod rhaid iddyn nhw gael y stwff y bore yma, neu roedden nhw'n mynd i droi at gwmni arall am eu stwff."

"Beth ydy'r stwff yma, fel rydych chi'n dweud?"

"Jam a phicls."

"Jam a phicls? Oes bara a menyn i fynd gyda'r jam neu'r picls?"

"Nag oes, dim bara a dim menyn."

"Dyna biti. Ond dywedwch, bòs, pam maen nhw'n gofyn i ni fynd â'r llwyth yma i Aberhonddu ac Aberystwyth? Mae menni ganddyn nhw'n barod."

"Oes, mae menni ganddyn nhw, ond maen nhw i gyd yn brysur heddiw yn mynd â llwythi eraill allan."

Doedd hi ddim yn wyth o'r gloch eto, *It wasn't eight o'clock yet*	fod rhaid iddyn nhw, *see Notes for examples of 'bod' construction*
cynnar, *early*	fel rydych chi'n dweud, *as you say*
gwaith pwysig, *important work*	dyna biti, *that's a pity, what a pity*
Dyna pam rydw i yma, *That's why I am here*	Mae menni ganddyn nhw'n barod, *They already have (some) vans*
mor gynnar, *so early*	prysur, *busy*
neithiwr, *last night*	llwythi eraill, *other loads*
ar ôl i chi fynd, *see Notes for examples of 'ar ôl' and 'cyn'*	Aberhonddu, *Brecon*

"Rydw i'n gweld."

"Felly, mae'r gwaith yma'n bwysig iawn i ni, Sam. Os bydd y jam a'r picls yn cyrraedd y siopau mewn pryd, mae'n bosibl byddwn ni'n cael mwy o waith gan *Welsh Preserves.*"

"Bydd, bydd."

"Ac fe fyddwch chi'n cyrraedd y siopau mewn pryd, Sam?"

"Byddaf, byddaf, fe fydda i'n cyrraedd mewn pryd. Fe fydda i'n mynd fel y gwynt dros y Bannau."

"Ac rydych chi'n gwybod y ffordd, Sam?"

"Gwybod y ffordd? Gwrandewch, bòs. Rydw i'n gwybod am bob twll a charreg ar y ffordd. Rydw i'n ffrindiau â phob dafad ar y mynyddoedd, pob buwch yn y caeau, pob ceffyl ar y bryniau o Gaerdydd i Gaergybi."

"Wrth gwrs. Nawrte, mae'r llwyth yn barod yn y fen, Sam."

"Yn fy men i? Pwy oedd yn llwytho'r fen, bòs?"

"Dic Williams. Fe oedd yr unig yrrwr oedd yma pan ddaeth *Welsh Preserves* ar y ffôn neithiwr. Ac felly, fe aeth e â'ch fen chi i lawr i *depôt Welsh Preserves* i nôl y llwyth yn barod i chi gychwyn yn gynnar y bore yma."

"Dic Williams yn gyrru fy men i? Rydw i'n mynd ar streic, bòs. Fi ydy'r unig ddyn sy'n gyrru fy men i."

"Smalio rydych chi, Sam. Mynd ar streic, wir! Mae mwy o sens gennych chi na mynd ar streic."

"Ie, smalio, bòs. Ond gobeithio ei fod e ddim wedi gwneud cawl o'r gêrs."

"Nag ydy. Mae Dic yn yrrwr da."

"Ydy, ydy. Ond rydw i'n well na fe, bòs."

"Wrth gwrs, Sam. Does neb sy'n well na chi. Nawrte, ydych chi'n barod i fynd?"

Os bydd y jam a'r picls yn cyrraedd y siopau mewn pryd, *If the jam and pickles reach the shops in time*
fel y gwynt, *like the wind*
y Bannau, *the Beacons (Brecknock)*
pob twll a charreg, *every hole and stone*
bryniau, *hills*
Caergybi, *Holyhead*

yr unig yrrwr oedd yma, *see Notes for 'oedd' clauses*
yr unig yrrwr, *the only driver*
sy'n gyrru, *see Notes for 'sy' clauses*
Mae mwy o sens gennych chi, *You have more sense (see Notes for comparison of adjectives)*
gobeithio, *to hope (I hope)*
rydw i'n well na fe, *I am better than he (see Notes)*

"Ydw, ydw."

"Fe fyddwch chi'n cyrraedd y siopau mewn pryd, Sam? Ac fe fyddwch chi'n ofalus."

"Gofalus? Does neb yn fwy gofalus na fi ar ffyrdd Cymru o Gaerdydd i . . ."

"Gaergybi. O'r gorau, Sam. I ffwrdd â chi. Dyma restr y siopau i chi a'r papurau i gyd."

"Diolch, bòs. Rydw i ar y ffordd nawr."

Cymerodd Sam y rhestr a'r papurau a dringo i mewn i gaban ei fen fawr. Dododd y rhestr ar y sedd wrth ei ochr a chychwyn yr injan. Gwasgodd ei droed ar y sbardun a dyna'r injan yn rhuo. Brrrmmmm! Brrrmmmm! A dyna ddechrau'r seremoni fel ar bob bore arall—Sam yn rhuo'r injan a Mr. Rees yn dodi ei fysedd yn ei glustiau i gadw'r sŵn allan. Dododd Sam yr injan mewn gêr ac i ffwrdd â fe.

Roedd rhaid i Sam yrru'n ofalus drwy draffig trwm y ddinas, ond ar ôl iddo fe ddod allan ar y ffordd newydd—y draffordd—roedd e'n gallu rhoi ei droed i lawr yn fwy trwm ar y sbardun. Rhuodd yr injan, ac wrth gwrs, fe ddechreuodd Sam ganu. 'O, fel mae'n dda gen i 'nghartref. Hen le bendigedig yw cartref . . .' ac felly ymlaen. Roedd Sam yn hapus, ond cyn iddo fe fynd ymhell ar y draffordd, roedd hi'n bwrw glaw.

"Ach! Glaw eto! Fe fydd hi'n bwrw glaw cyllyll a ffyrc ar y Bannau."

Ac yn wir, roedd hi'n bwrw glaw cyllyll a ffyrc ar y Bannau. Fe gododd y gwynt hefyd a chwythu'r glaw yn erbyn sgrîn y fen. 'Crrrrc! Crrrrc!' meddai'r sychwr wrth fynd o ochr i ochr fel pendil cloc.

rhestr y siopau, *the list of shops*
sedd, *seat*
gwasgu, *to squeeze, to press*
sbardun, *accelerator (spur)*
fel ar bob bore arall, *as on every other morning*
traffordd/ traffyrdd, *motorway/ s*
yn fwy trwm, *heavier*
mae'n dda gen i, *I'm glad, I'm pleased*
bendigedig, *excellent (blessed)*

ac felly ymlaen, *and so on*
yn bwrw glaw cyllyll a ffyrc, *raining cats and dogs (knives and forks)*
chwythu, *to blow*
yn erbyn, *against*
sychwr, *(windscreen) wiper*
o ochr i ochr, *from side to side*
fel pendil cloc, *like the pendulum of a clock*

Fe ddaeth Sam at y caffe ar ben y Bannau. Doedd e ddim yn siŵr beth i'w wneud—mynd i mewn i'r caffe a chael cwpanaid o goffi neu fynd ymlaen i Aberhonddu. Roedd e'n cofio pob gair ddywedodd Mr. Rees wrtho fe cyn iddo fe gychwyn o'r iard—roedd rhaid iddo fe gyrraedd y siopau mewn pryd; roedden nhw'n aros am eu jam a'u picls . . . Ond roedd llawer o lorïau a menni yn y maes parcio wrth y caffe, a Sam yn siŵr, felly, fod llawer o ffrindiau yn y caffe. Doedd neb yn fwy parod na Sam i gael sgwrs â hen ffrindiau, ac felly, dyma fe'n troi i mewn i'r maes parcio, ac ar ôl iddo fe gloi'r fen yn ofalus, fe redodd i mewn i'r caffe allan o'r glaw a'r gwynt.

Roedd rhywun wrth bob un o'r byrddau, a dyma Sam yn gweiddi 'Helo!' wrth un neu ddau ohonyn nhw, 'Shwd mae?' wrth rai eraill, ac fe aeth e at y cownter i ofyn am gwpanaid o goffi. Edrychodd o gwmpas y stafell fawr. Wrth un o'r byrddau roedd merch yn eistedd ar ei phen ei hun. Pwy yn y byd oedd hi? Roedd golwg drist iawn arni hi. Roedd hi'n gwisgo côt ysgafn, ac roedd honno'n wlyb diferu. Doedd dim het na chap am ei phen, ac roedd ei gwallt yn hongian fel rhaffau gwlyb o gwmpas ei chlustiau. Roedd cês dillad ar y llawr wrth ei hochr.

"Wel, druan ohoni!" meddai Sam wrtho'i hun. "Mae'r ferch yna mewn trwbwl yn ddigon siŵr. Pwy ydy hi, tybed, a beth mae hi'n ei wneud yma ar ei phen ei hun? Mae rhaid i fi fynd i siarad â hi." Dyn caredig iawn oedd Sam.

Talodd Sam am ei goffi, ac fe aeth e at fwrdd y ferch. Pwyntiodd at un o'r cadeiriau gwag oedd wrth y bwrdd.

"Does neb yn eistedd ar y gadair yma," meddai fe.

Edrychodd y ferch ar Sam ac yna ar y gadair.

---

ar ben y Bannau, *at the top of the Beacons*
beth i'w wneud, *what to do*
ddywedodd Mr. Rees, *that the boss said (see Notes on adjective clauses contining past tense)*
i gael sgwrs, *to have a chat*
wrth rai eraill, *to others, to other ones*
ar ei phen ei hun, *on her own*

golwg drist, *a sad look*
côt ysgafn, *a light coat*
yn wlyb diferu, *dripping wet*
fel rhaffau gwlyb, *like wet ropes*
cês dillad, *suitcase*
druan ohoni, *poor thing, poor wretch*
caredig, *kind, kindly*
gwag, *empty*

"Dydw i ddim yn gweld neb," meddai hi.

"O, sarcastig!" meddai Sam wrtho'i hun. "Does dim ots. Rydw i'n eistedd ar y gadair yma."

Eisteddodd Sam wrth y bwrdd ac edrych ar y ferch. Roedd hi'n edrych yn fwy trist nawr roedd e'n eistedd yn agos ati hi. Ond roedd hi'n ddigon pert.

"Bwrw glaw heddiw," meddai Sam wrthi hi, ac yn ei

Dydw i ddim yn gweld neb, *I don't see anyone*   Does dim ots, *It doesn't matter*

49

feddwl, "Dyna'r peth mwya twp ddywedais i heddiw. Ac wrth y ferch yma hefyd sy â'i dillad a'i gwallt yn wlyb diferu." Ond ceisio cael y ferch i siarad roedd Sam. Roedd e'n siŵr ei bod hi mewn trwbwl mawr.

Roedd y cwpan oedd o'i blaen hi ar y bwrdd yn wag.

"Mae . . . Mae eich cwpan chi'n wag," meddai Sam. "Beth am gwpanaid arall? Te neu goffi?"

Edrychodd y ferch ar Sam ond ddywedodd hi ddim byd. Roedd e'n siŵr bod dagrau yn ei llygaid hi. Cododd o'i gadair a mynd at y cownter, a'r dynion i gyd yn edrych arno fe. Ysgydwodd un neu ddau eu pennau arno fe pan oedd e'n pasio, ac meddai un ohonyn nhw wrtho fe'n dawel, "Peidiwch â phoeni gyda hi. Un ddrwg ydy hi, siŵr o fod." Ond ymlaen aeth Sam at y cownter.

"Cwpanaid o goffi," meddai fe wrth y wraig oedd y tu ôl i'r cownter. Ac yn ôl â fe wedyn at y ferch.

"Dyma gwpanaid i chi. Yfwch nawr," meddai fe.

"Diolch . . . Diolch yn fawr," meddai'r ferch mewn llais bach gwan, a dechreuodd yfed a'i dwylo hi'n crynu wrth ddal y cwpan.

"Rydych chi'n oer," meddai Sam yn garedig, "ac yn wlyb diferu. Ydych chi ar eich pen eich hun?"

Nodiodd y ferch ei phen.

"Dywedwch," meddai Sam wedyn, "ble rydych chi wedi bod a ble rydych chi'n mynd. Eich car wedi torri i lawr neu rywbeth?"

Daeth gwên fach wan i wyneb y ferch.

"Does dim car gen i."

"Dim car? Dydych chi ddim wedi bod yn cerdded yn y glaw yma, ydych chi?"

Nodiodd y ferch ei phen unwaith eto.

o'i blaen hi, *in front of her*
dagrau, *tears*
ond ddywedodd hi ddim byd, *but she said nothing*
ysgwyd, *to shake*
ysgydwodd un neu ddau eu pennau, *one or two shook their heads*

yfwch nawr, *drink up now*
gwan, *weak*
crynu, *to tremble, to shake*
ar eich pen eich hun, *on your own*

"O ble rydych chi wedi dod?"

"O Aberhonddu . . . y bore yma."

"O Aberhonddu. Mae Aberhonddu ymhell i gerdded, ac mae bysiau'n rhedeg o'r dref bob dydd. Ac wrth gwrs, does dim trwbwl cael lifft. Mae mwy na digon o geir ar y ffordd yma bob awr o'r dydd," meddai Sam.

"Fe aeth pob car welais i ar y ffordd heibio heb aros."

"Dyna beth od. Rydych chi'n ferch mor bert. Doeddech chi ddim yn codi eich llaw yn ddigon uchel, mae'n siŵr. Ond dywedwch nawr, i ble rydych chi'n mynd."

Ysgydwodd y ferch ei phen yn drist.

"Dydw i ddim yn gwybod," meddai hi.

"Ddim yn gwybod? Ydych chi'n dweud wrtho i nawr eich bod chi ddim yn gwybod? Oes dim cartref gennych chi?" gofynnodd Sam yn syn.

"Oes . . . mae cartref gen i."

"Ble rydych chi'n byw?"

"Ym Mhontypridd."

"A dydych chi ddim yn mynd adref?"

Ysgydwodd y ferch ei phen unwaith eto.

"Dydw i ddim yn gwybod," meddai hi.

"Wel, myn brain, rydych chi'n ferch od; un o'r mwya od welais i erioed. Mae cartref gennych chi ym Mhontypridd, ond mae'n well gennych chi gerdded o gwmpas yn y glaw na mynd adref. Dywedwch wrtho i nawr, yn onest nawr, ydych chi mewn trwbwl? Oes ofn arnoch chi fynd adref?" gofynnodd Sam.

Daeth y wên fach wan i wyneb y ferch unwaith eto.

"Na, dydw i ddim mewn trwbwl . . . wel, dydw i ddim yn meddwl, ond efallai bod ofn arna i i fynd adref . . . efallai . . ."

"Efallai? Efallai? Wel, wir i chi, mae rhaid i fi ddweud fy

---

ymhell, *far*
o'r dref, *from the town*
mwy na digon, *more than enough*
heb aros, *without stopping*
yn ferch mor bert, *such a pretty girl*
yn ddigon uchel, *high enough*

Oes dim cartref gennych chi? *Haven't you got a home?*
ond mae'n well gennych chi, *but you prefer*
efallai, *perhaps*

51

mod i ddim yn eich deall chi o gwbl. Dywedwch wrtho i'n onest nawr beth sy'n bod."

"Hiraeth, dyna i gyd . . . hiraeth."

"Hiraeth? Hiraeth am beth?"

"Hiraeth am fy nghartref . . . am fy nhad a mam."

"Beth . . . oes rhywbeth wedi digwydd iddyn nhw?"

"Nag oes, does dim byd wedi digwydd iddyn nhw."

"Hiraeth am eich tad a'ch mam, ond mae arnoch chi ofn mynd adref i'w gweld nhw! Dyna un o'r pethau mwya twp glywais i ers llawer dydd. Pam mae arnoch chi ofn mynd adref?" gofynnodd Sam.

"Fe fyddan nhw'n siŵr o ddweud fy mod i fel babi bach . . . yn rhedeg adref."

"Rhedeg adref o ble?"

"O Aberystwyth. Rydw i yn y coleg yn Aberystwyth."

"Ydych chi wedi bod yn Aberystwyth am hir?"

"Tair wythnos."

"Tair wythnos? Dyna i gyd?"

"Doeddwn i ddim eisiau mynd i Aberystwyth. Roeddwn i eisiau mynd i Gaerdydd. Mae John yng Nghaerdydd."

"Eich ffrind ydy John?"

"Mae e'n fwy na ffrind," atebodd y ferch a'i hwyneb yn goch.

"O, rydw i'n gweld, ac mae'r hiraeth am weld John yn fwy na'r hiraeth am weld eich tad a'ch mam," meddai Sam.

"Efallai."

"Mae'n ddigon clir i fi fod dim 'efallai' yn y mater o gwbl. Eisiau gweld John sy arnoch chi. Ond arhoswch chi nawr. Rydych chi'n dweud eich bod chi yn y coleg yn Aberystwyth. Dydych chi ddim wedi dod o Aberystwyth y bore yma?"

"Nag ydw. Fe ges i lifft ddoe i Aberhonddu, ond roedd hi'n

---

hiraeth, *longing, yearning*
ers llawer dydd, *since many a day, for a long time*
pam mae arnoch chi ofn? *why are you afraid*
hiraeth am weld, *longing to see*

Mae'n ddigon clir, *It's clear enough*
o gwbl, *at all*
fe ges i lifft, *I got a lift*
ddoe, *yesterday*

nos pan gyrhaeddais i'r dref. Roedd arna i ofn gofyn am lifft yn y nos," atebodd y ferch.

"Wel, myn brain! Ble roeddech chi'n aros neithiwr?"

"Mewn caban ffonio."

"By . . . by . . . beth? Mewn caban ffonio? Oeddech chi yn y caban drwy'r nos neithiwr?"

"Oeddwn, ond roedd arna i ofn clywed rhywun yn dod i ffonio, ond wrth lwc, ddaeth neb."

"Wel, druan ohonoch chi," meddai Sam. "Ac rydw i'n siŵr eich bod chi ddim yn gallu cysgu. Wel . . . wel!"

"Dim winc. Roeddwn i'n eistedd ar fy nghês. Doedd e ddim yn gysurus iawn."

"Wel, druan ohonoch chi! Dywedwch! Ydych chi wedi cael bwyd y bore yma . . . wedi cael brecwast?" gofynnodd Sam.

Ysgydwodd y ferch ei phen.

"Dim ond coffi . . . Dim arian . . . Wel, dim digon i dalu am frecwast."

"Wel, myn brain! Nawr, gwrandewch . . . Ym . . . Dyna beth dwl. Dydw i ddim yn gwybod eich enw chi eto. Beth ydy'ch enw chi?"

"Gwyneth . . . Gwyneth James."

"Gwrandewch nawr, Gwyneth. Oes dillad glân gennych chi yn y cês yna?"

"Oes. Ond does dim côt gen i, dim ond hon . . . sy'n wlyb diferu," atebodd Gwyneth.

"Wel, ewch i doiled y merched i newid eich dillad . . . Does dim ots am eich côt nawr. Mae hi'n ddigon cynnes yma heb gôt. Ac wedyn, brecwast."

"Rydych chi . . . rydych chi'n fwy na charedig, Mr . . ."

"Tomos ydy'r enw. Sam Tomos, ac mae men gen i allan yn y

pan gyrhaeddais i'r dref, *when I reached the town*
caban ffonio, *telephone kiosk*
drwy'r nos, *all night*
ddaeth neb, *no one came*
druan ohonoch chi, *you poor thing*
dim winc, *not a wink*

cysurus, *comfortable*
dim digon i dalu, *not enough to pay*
dillad glân, *clean clothes (a change of clothes)*
yn ddigon cynnes heb gôt, *warm enough without a coat*

53

maes parcio. Nawr, ewch i newid y dillad gwlyb yna neu fe fyddwch chi'n cael niwmonia."

"O'r gorau, Mr. Thomas, a diolch . . ."

"Dim un gair nawr. I ffwrdd â chi!"

Cododd Gwyneth a mynd i'r toiled, ond cyn iddi hi fynd drwy'r drws, roedd Sam wrth y cownter.

"Cig moch a dau wy, os gwelwch yn dda," meddai fe wrth y wraig oedd yn brysur yn golchi llestri yno.

"Brecwast i'r ferch, ie, Sam?" meddai un o'r dynion yn sarcastig. "Pwy sy'n talu?"

"Fi, a meindiwch eich busnes," atebodd Sam.

"Mae'n siŵr ei bod hi wedi cael llawer brecwast heb dalu

cig moch, *bacon*   yn golchi llestri, *washing dishes*

hefyd," meddai dyn arall. "Ydych chi ddim yn gweld beth ydy
hi?"

"Caewch eich ceg. Mae'r ferch yn iawn. Eich meddwl chi
sy'n ddrwg," meddai Sam.

Yn fuan wedyn, fe ddaeth Gwyneth yn ôl o'r toiled. Roedd

Ydych chi ddim yn gweld? *Don't you
see?*

Mae'r ferch yn iawn, *The girl is all right*
Yn fuan wedyn, *Soon afterwards*

hi wedi sychu a chribo'i gwallt a newid ei dillad gwlyb. A nawr roedd gwên fach ar ei hwyneb.

Edrychodd Sam arni hi.

"Dyna fe, ferch," meddai fe. "Rydych chi'n edrych yn fwy cysurus nawr. Eisteddwch. Fe fydd eich brecwast yn barod mewn munud neu ddau."

Ac yn wir, roedd ei brecwast yn barod mewn munud neu ddau.

"Dyma fe i chi, Gwyneth. Fe fyddwch chi'n teimlo'n well ar ôl i chi gael y cig moch a'r wyau yma i lawr," meddai Sam yn garedig.

"Dydw i ddim yn gwybod sut i dalu i chi, Mr. Thomas."

"Peidiwch â phoeni am dalu. Mae gweld y wên yna ar eich wyneb chi yn ddigon i fi. I lawr â'r bwyd yna nawr."

Ac i lawr aeth y cig moch a'r wyau, ac yn fuan iawn roedd y plât yn wag.

"Ydych chi'n teimlo'n well nawr?" gofynnodd Sam.

"O, ydw, a diolch yn fawr i chi," atebodd Gwyneth.

"Da iawn. Nawrte, beth rydych chi am ei wneud? Ceisio cael lifft adref i Bontypridd? Mae rhaid i fi fynd ymlaen i Aberystwyth."

"Fe ddywetsoch chi fod men gennych chi. Rydw i'n dod gyda chi i Aberystwyth, os gwelwch yn dda."

"Rydych chi am fynd yn ôl i Aberystwyth?"

"Roeddwn i'n dwp i feddwl am fynd adref. Rydw i wedi bod fel babi bach."

"Wel . . ." meddai Sam yn araf, "efallai eich bod chi. Dewch ymlaen, te. Mae rhaid i ni symud yn gyflym. Mae llwyth o jam a phicls gen i yn y fen, ac mae rhaid iddyn nhw gyrraedd Aberystwyth y bore yma, os yn bosibl. Ac mae rhaid i fi alw yn Aberhonddu ar y ffordd. Dewch, te. Mae anorac gen i yn y fen i'ch cadw chi'n gynnes."

---

sychu, *to dry, to wipe*
cribo, *to comb*
sut i dalu i chi, *how to pay you*

beth rydych chi am ei wneud? *what are you going to do? what do you intend doing?*
os yn bosibl, *if possible*

Yn y fen wedyn, a'r injan yn rhuo, dyma Sam yn gofyn yn sydyn,—

"Gwyneth, oedd rhywun yn Abersytwyth yn gwybod eich bod chi'n meddwl am fynd adref?"

"Nag . . . nag oedd. Ddywedais i ddim un gair wrth neb," atebodd y ferch.

"Ow! Mae rhaid eu bod nhw'n poeni amdanoch chi, felly, ac yn chwilio amdanoch chi. Efallai eu bod nhw wedi ffonio'r polîs i chwilio amdanoch chi . . . ac efallai wedi ffonio eich tad a'ch mam. Fe fydd pawb yn poeni amdanoch chi . . . meddwl eich bod chi wedi cael drwg neu rywbeth."

"O . . . beth wna i? Fi ydy'r ferch fwya twp yn y byd. O, wir, rydw i'n dwp. Feddyliais i ddim am ddweud gair wrth neb, ac os ydyn nhw wedi ffonio fy nhad a mam . . . wel, fe fyddan nhw'n gas wrtho i, rydw i'n siŵr."

"Wel, does dim iws poeni nawr . . . Whiw! Mae yna gar yn dod y tu ôl i ni. Rydyn ni'n mynd yn gyflym, ond mae hwn yn mynd yn fwy cyflym o lawer. Dyma fe! Mae e'n ein pasio ni nawr. Edrychwch arno fe'n mynd."

Fe aeth y car heibio fel fflach.

"Fy nhad! Ein car ni ydy hwnna!" gwaeddodd Gwyneth. "Fy nhad sy'n gyrru, ac mae Mam gyda fe. O, beth wna i nawr?"

"Rydyn ni'n mynd i ddal y car yna nawr," meddai Sam.

Gwasgodd Sam yn drwm ar y sbardun a neidiodd y fen ymlaen. Druan o'r fen; doedd hi ddim erioed wedi mynd mor gyflym â hyn; roedd hi'n crynu drwyddi. Wrth lwc, roedd y ffordd yn syth heb ddim tro ynddi hi, ac roedd Sam yn gallu

---

Ddywedais i ddim un gair wrth neb,
  I didn't say a word to anyone
yn poeni amdanoch chi, *worrying
  about you*
chwilio am, *to look for, to search for*
cael drwg, *to come to harm*
Feddyliais i ddim, *I didn't think*
fe fyddan nhw'n gas wrtho i, *they'll be
  horrid towards me*

does dim iws poeni nawr, *it's useless
  to worry now*
dal, *to catch (to hold), to overtake*
druan o'r fen! *poor van!*
roedd hi'n crynu drwyddi, *it was
  trembling right through*
heb ddim tro ynddi hi, *without a bend
  in it*

cadw'r car yn y golwg. Fflachiodd ei oleuadau fel dyn gwyllt.

"Gobeithio byddan nhw'n gweld ein goleuadau ni," meddai fe, "cyn i ni ddod at y tro nesaf neu fe fydd hi ar ben arnon ni. Ydych chi'n meddwl ein bod ni'n ennill arnyn nhw, Gwyneth?"

"Rydw i'n meddwl ein bod ni . . . neu maen nhw wedi gweld y goleuadau'n fflachio. Dydy'r car ddim yn mynd mor gyflym nawr."

"Nag ydy. Mae e'n mynd i aros . . . Edrychwch . . . Mae e'n tynnu i'r ochr a diolch am hynny. Dim dagrau nawr, Gwyneth."

Stopiodd Sam y fen y tu ôl i'r car. Roedd y tad wedi neidio allan yn barod.

"Pam roeddech chi'n fflachio?" meddai fe. Ac yna, fe welodd e ei ferch yn y fen. "Gwyneth! O, Gwyneth, ble rwyt ti wedi bod? Rydyn ni wedi bod yn poeni amdanat ti."

Neidiodd Gwyneth allan o'r fen, ac roedd hi ym mreichiau ei thad ar unwaith.

"O, Dad!" Roedd Sam wedi dweud 'Dim dagrau', ond roedd y dagrau'n rhedeg i lawr wyneb Gwyneth nawr fel afon, ac roedd llygaid y tad yn ddigon gwlyb hefyd. Fe ddaeth y fam allan o'r car, a doedd hi ddim yn edrych mor garedig â'r tad. Yn wir, roedd golwg ddigon cas ar ei hwyneb hi. Fe aeth hi at y ferch.

"Dyma ti o'r diwedd. Ble rwyt ti wedi bod . . . a'r pôlis a phawb arall yn chwilio amdanat ti? O, rwyt ti'n ferch dwp . . ."

"Peidiwch â bod yn gas wrthi hi," galwodd Sam o'r fen. "Hiraeth oedd arni hi . . . hiraeth am eich gweld chi . . ." Ddywedodd e ddim un gair am John.

yn y golwg, *in sight, in view*	ble rwyt ti wedi bod? *where have you*
goleuadau, *lights*	*been?*
fel dyn gwyllt, *like a madman*	Peidiwch â bod yn gas wrth hi, *Don't*
ennill, *to gain, to win*	*be nasty towards her*
y tro nesaf, *the next bend, the next*	Hiraeth oedd arni hi, *She had a longing*
turn	*(She was homesick)*
fe fydd hi ar ben arnon ni, *it will be all*	
up with us	

58

Fe ddaeth e allan o'r fen a chês dillad Gwyneth yn ei law.

"Eich cês chi, Gwyneth," meddai fe.

"O, diolch, Mr. Thomas. Dad, dyma Mr. Thomas. Mae e wedi bod yn garedig iawn wrtho i," meddai Gwyneth.

Edrychodd y fam i lawr ei thrwyn ar Sam. Roedd golwg sur ar ei hwyneb.

"Ydy, mae'n siŵr," meddai hi, "wedi bod yn fwy na charedig . . ."

"Peidiwch â siarad fel yna," meddai'r tad wrthi hi.

Peidiwch â siarad fel yna, *Don't talk like that*

59

"Ble roedd y ddau yma neithiwr, fe hoffwn i wybod," meddai'r fam wedyn.

"Does dim rhaid i chi boeni am hynny," meddai Sam. "Roeddwn i yng Nghaerdydd, a Gwyneth yn y caban ffonio yn Aberhonddu."

"By . . . by . . . beth?" meddai'r tad. "Caban ffonio?"

"Mae stori hir gan Gwyneth, ond does dim amser gen i i aros nawr. Mae llwyth o jam a phicls gen i yn y fen, ac mae'r siopau'n aros amdanyn nhw. Ac felly, bore da i chi . . . O, ie, yr anorac, os gwelwch yn dda, Gwyneth."

"O, roeddwn i'n anghofio am yr anorac. Dyma hi, Mr. Thomas, a diolch . . . diolch yn fawr i chi am fod mor garedig wrtho i."

"Peidiwch â sôn, Gwyneth. *Glad to be of service,* fel maen nhw'n dweud yn Saesneg," atebodd Sam. "A pheidiwch chi â bod yn gas wrthi hi," meddai fe wrth y fam. "Da boch chi nawr."

Dringodd yn ôl i'r fen ac i ffwrdd â fe. Chlywodd e mo'r ferch yn dweud, "Dyna'r dyn mwya caredig welais i erioed." Doedd hi ddim ymhell o'i lle, chwaith. Roedd pethau eraill gan Sam i feddwl amdanyn nhw nawr—y jam a'r picls oedd yng nghefn y fen. Roedd rhaid iddyn nhw gyrraedd y siopau mewn pryd . . . mewn pryd. Gwasgodd yn drwm . . . drwm . . . drwm ar y sbardun . . . a'r fen yn crynu drwyddi, roedd hi'n mynd mor gyflym. Gyrhaeddodd e'r siopau mewn pryd? Do, siŵr, ac roedd gobaith cael mwy o waith wedyn oddi wrth *Welsh Preserves.*

Ar y ffordd yn ôl i Gaerdydd yn y prynhawn, meddwl roedd Sam am y ferch redodd yn ei hiraeth o'r coleg yn Aberystwyth. "Gobeithio bod ei mam yn teimlo'n well tuag ati hi," meddai fe wrtho'i hun. Ond doedd dim rhaid iddo fe boeni am

---

fe hoffwn i wybod, *I would like to know*
Does dim rhaid i chi boeni am hynny, *There's no need for you to worry about that*

anghofio, *to forget*
da boch chi nawr, *goodbye now*
ddim ymhell o'i lle, *not far wrong*
gobaith cael mwy o waith, *a hope of having more work*

hynny. Tri diwrnod wedyn, fe ddaeth llythyr i Sam oddi wrth 'Wyndham James o Bontypridd'. I Gwmni Cludiant Saff daeth y llythyr. Roedd e, Mr. Wyndham James o Bontypridd, wedi cofio'r enw oedd ar y fen, a Gwyneth ei hun, wrth gwrs, wedi cofio'i enw. Gofyn roedd y llythyr i Sam fynd i de i'r cartref ym Mhontypridd, ac wrth gwrs, roedd rhaid iddo fe fynd. Roedd e eisiau gwybod sut roedd Mrs. James yn teimlo tuag at ei merch ar ôl iddi gael y stori i gyd. Roedd hi'n iawn. Yn wir, doedd neb mwy caredig na hi. Roedd hi wedi bod yn poeni . . . poeni . . . dyna pam roedd hi wedi bod mor gas tuag at y ferch. A Gwyneth ei hun? Oedd hi wedi dod dros ei hiraeth? Oedd, oedd. Mae ffrindiau newydd ganddi hi nawr, ac mae Mr. a Mrs. James o Bontypridd yn mynd i weld eu merch yn Aberystwyth yn aml ar ddydd Sadwrn . . .

Roedd hi'n iawn, *She was all right*   Gwyneth ei hun, *Gwyneth herself*
dyna pam, *that was why*

4. Y Soser Hedfan

Roedd Sam yn gyrru adref i Gaerdydd ar ôl mynd â llwyth i Landrindod yn y prynhawn. Roedd e wedi blino'n lân, a hynny am ddau reswm. Yn gyntaf, roedd e wedi gwneud tair siwrnai yn y bore. Doedd dim un o'r siwrneiau wedi bod ymhell o Gaerdydd, ond roedd pob llwyth wedi bod yn drwm iawn—sachau o datws a moron, bocsys o afalau, orennau a bananas, ac roedd y sachau a'r bocsys i gyd mor drwm i'w cario o'r fen i mewn i'r siopau. Roedd e wedi cario a chario nes bod ei gefn a'i freichiau'n brifo. Ac ar ben hyn i gyd roedd rhaid iddo fe fynd â llwyth trwm arall i Landrindod.

Yr ail reswm pam roedd e wedi blino oedd ei fod e ddim wedi cael llawer o gwsg y noson gynt. Roedd e wedi bod mewn eisteddfod i fyny yn un o gymoedd Morgannwg, ac roedd hi'n un o'r gloch y bore pan orffennodd yr eisteddfod. Roedd rhaid iddo fe aros yn yr eisteddfod nes ei bod hi'n gorffen achos roedd e'n canu yno ar yr unawd tenor, a'r unawd tenor oedd yr eitem olaf. Fel rydych chi'n gwybod, roedd llais da gan Sam, llais tenor da, ac roedd e'n hoff iawn o fynd i eisteddfodau, ac mae rhaid dweud ei fod e'n ennill yn aml.

Roedd Sam wedi mynd i'r eisteddfod yn ei gar bach ei hun, ei *Fini Clubman,* ond ar ei ffordd adref, fe stopiodd y car yn sydyn.

"Diawcs!" meddai Sam wrtho'i hun. "Beth sy'n bod ar hwn? Dydw i ddim wedi rhedeg allan o betrol, does bosib."

soser hedfan, *flying saucer*
roedd e wedi blino'n lân, *he was tired out*
a hynny am ddau reswm, *and that for two reasons*
moron, *carrots*
nes bod ei gefn, *until his back was (see Notes for construction with 'nes')*
brifo, *to pain, to hurt*
ar ben hyn i gyd, *on top of all this*

yr ail reswm, *the second reason*
cwsg, *sleep*
y noson gynt, *the previous night*
cwm/cymoedd, *valley/s*
Morgannwg, *Glamorgan*
gorffen, *to finish, to end*
unawd, *solo*
yr eitem olaf, *the last item*
beth sy'n bod ar hwn, *what's the matter with this*
does bosib, *it's not possible*

Nag oedd, doedd e ddim wedi rhedeg allan o betrol. Roedd y cloc yn dangos bod ei danc yn fwy na hanner llawn. Y plygiau, efallai. Roedd rhaid codi'r boned i weld. Na, doedd dim byd o'i le ar y plygiau . . . wel, doedd dim byd yn amlwg o'i le arnyn nhw, a beth bynnag, roedden nhw'n rhai newydd. Beth, felly, oedd o'i le ar y car? Roedd rhaid chwilio fan hyn a fan arall o dan y boned gyda help y fflachlamp oedd bob amser gan Sam yn ei gar bach *Clubman*. Y dosbarthydd! Ie, y dosbarthydd, efallai! Efallai bod crac neu rywbeth yn y dosbarthydd. Edrychodd Sam arno'n ofalus. Nag oedd, doedd dim crac na dim arall o'i le ar y dosbarthydd. Wel, beth oedd yn bod, te? Cydiodd Sam yn y cebl oedd yn arwain i'r dosbarthydd, ac fe ddaeth e i ffwrdd yn ei law.

"Wel, sut yn y byd mawr!" meddai Sam. Edrychodd ar y cebl, ond doedd dim yn amlwg o'i le ar hwnnw chwaith. Gwthiodd e'r cebl yn dynn yn ôl i'r dosbarthydd, cau'r boned a mynd yn ôl i'r car. Troiodd e'r injan ymlaen, a Brrrmmm! Brrrmmm! Dyma'r injan yn tanio ar unwaith. Ond roedd hi'n dri o'r gloch y bore pan gyrhaeddodd Sam ei gartref yng

plwg/plygiau, *plug/s*
doedd dim byd o'i le ar, *there was nothing wrong with*
yn amlwg, *obviously*
fan hyn a fan arall, *this way and that way, here and there*
y fflachlamp oedd, *the flashlamp which (see Notes for clauses with 'oedd')*
y dosbarthydd, *the distributor*

na dim arall, *nor anything else*
beth oedd yn bod, te? *what was the matter then?*
cydio yn (mewn), *to take hold of*
arwain, *to lead*
fe ddaeth i ffwrdd, *it came away*
sut yn y byd mawr? *how in the wide (big) world?*
tanio, *to fire*
ar unwaith, *at once*

Nghaerdydd, a chafodd e ddim llawer o gwsg y noson honno wedyn, achos roedd rhaid iddo fe fod wrth ei waith yn y bore am wyth o'r gloch.

A nawr, ar ei ffordd adref o Landrindod, roedd y nos wedi dod, ac roedd Sam eisiau cysgu. Roedd ei lygaid yn teimlo'n drwm; roedden nhw'n brifo ac yn llosgi fel tân, ac roedd hi'n anodd iawn eu cadw ar agor. Rhwbiodd ei lygaid ag un llaw, a cheisio gyrru'n syth â'r llaw arall, ond llosgi, llosgi roedden nhw o hyd. Caeodd ei lygaid am foment, ac mor braf roedden nhw'n teimlo wedyn.

"A! Dyna dda!" meddai Sam, a'u hagor nhw'n sydyn a gweld bod y fen wedi llithro ar draws y ffordd nes ei bod hi bron â rhedeg yn erbyn y ffens oedd ar ochr y ffordd.

"Waw! Mae rhaid i fi fod yn ofalus," meddai Sam, "ond mae rhaid i fi gau fy llygaid am funud neu ddwy, neu fe fydda i'n siŵr o fynd i gysgu. A beth fydd yn digwydd wedyn? A! Fe wn i! Mae yna le i aros tua milltir i lawr y ffordd. Rhaid i fi aros fan yna nes bod y brifo a'r llosgi yma'n stopio."

A dyna beth wnaeth Sam. Fe arhosodd e yn y gilfach barcio, a chau ei lygaid ar unwaith, a'u hagor nhw'n syth. Doedd e ddim wedi diffodd goleuadau'r fen!

"Rhaid i fi ddiffodd y lampau mawr . . . y lampau blaen . . . ond gwell i fi gadw lampau'r ochrau yn olau, achos does dim golau ar y ffordd yma—rydw i allan yn y wlad."

Diffoddodd Sam y lampau mawr, ac edrychodd o'i gwmpas cyn iddo fe gau ei lygaid yr ail waith. Fe neidiodd ei lygaid bron o'i ben! Beth roedd e'n ei weld? Llathen neu ddwy o flaen

---

wrth ei waith, *at work*
llosgi, *to burn*
roedd hi'n anodd iawn, *it was very difficult*
llithro, *to slip, to slide*
ar draws, *across*
bron â (ag), *almost*
A beth fydd yn digwydd wedyn? *And what will happen then?*
fan yna, *there, in that place*
A dyna beth wnaeth Sam, *And that is what Sam did*

cilfach barcio, *lay-by*
diffodd, *to put out, to extinguish*
y lampau blaen, *the front lamps, the headlamps*
o ryw fath, *of some kind*
yn olau, *alight, lit*
gwell i fi gadw, *I'd better keep (see Notes on comparison of adjectives)*
yr ail waith, *the second time*
Beth roedd e'n ei weld? *What could he see? (What was he seeing?)*
llathen neu ddwy, *a yard or two*

trwyn y fen roedd gât, gât oedd yn arwain i mewn i gae, ac roedd Sam yn gallu gweld i mewn i'r cae. Roedd e'n siŵr ei fod e'n gweld rhywbeth yn hedfan uwchben y cae, rhywbeth mawr crwn fel soser anferth, ac roedd golau melyn yn dod o'r . . . o'r . . . wel, beth oedd e? Agorodd Sam ffenestr ei gaban er mwyn gweld yn well. Ac efallai bod sŵn o ryw fath yn dod o'r . . . o'r soser anferth.

Whirrrrr! Whirrrrr! Whirrrrr! Oedd, roedd sŵn yn dod o'r peth, sŵn fel ffan drydan sy'n cael ei defnyddio i oeri stafell. Edrychodd Sam nes bod ei lygaid yn brifo ac yn llosgi ac yn llanw â dagrau. Oedd y peth yn troi? Nag oedd, doedd e ddim yn troi o gwbl, ond efallai bod rhyw beiriant yn y soser, neu bropelyr arni, a honno, efallai, oedd achos y sŵn. Na, doedd y peth ddim yn troi; roedd e'n sefyll yn llonydd, llonydd fel hof-rennydd tua hanner canllath i fyny yr yr awyr. Yna, fe gododd y peth yn araf, araf, a hedfan mewn cylch o gwmpas y cae, a Sam yn ei ddilyn o hyd â'i lygaid.

"Fe wn i beth ydy e," meddyliodd Sam. "UFO, dyna beth ydy e. Soser hedfan, ac mae hi wedi dod o blaned arall. Ond beth mae hi'n ei wneud yma?"

Roedd Sam wedi bod ar ei wyliau i Dover unwaith, ac yno roedd e wedi gweld y llong hofran oedd yn mynd yn ôl ac ymlaen i Ffrainc. Roedd y peth yma . . . y soser anferth yma . . . fel llong hofran, ond ei bod yn fwy na'r rhai welodd e yn Dover. Roedd y llong hofran yn cario pobl rhwng Prydain a Ffrainc; tybed oedd y soser yma'n cario pobl rhwng un blaned a phlaned arall. Dyna beth oedd yn mynd drwy feddwl Sam

uwchben, *above*
crwn, *rownd*
anferth, *huge*
er mwyn, *in order to, for the sake of*
ffan drydan, *electric fan*
defnyddio, *to use*
llanw, *to fill*
yn troi o gwbl, *turning at all*
efallai bod, *see Notes on 'bod'*
 construction
peiriant, *machine, engine*

propelyr, *propeller*
achos y sŵn, *the cause of the sound*
llonydd, *still, motionless*
hofrennydd, *helicopter*
tua hanner canllath, *about fifty yards*
 (half a hundred)
yn yr awyr, *in the air, in the sky*
mewn cylch, *in a circle*
ar ei wyliau, *on his holidays*
llong hofran, *hovercraft*
na'r rhai welodd e, *than the ones he saw*

wrth edrych arni hi'n hedfan yn araf mewn cylch o gwmpas y cae.

Rownd a rownd aeth y soser . . . rownd a rownd mewn cylch mawr, ac yna, fe ddechreuodd hi ddisgyn yn araf, araf eto.

"Mae hi'n mynd i lanio," meddyliodd Sam. A glanio wnaeth hi hefyd, glanio heb ddim sŵn, dim ond y Whirrrr ysgafn. Ond ar unwaith dyna sŵn mawr iawn fel stampîd gwartheg mewn ffilm ar y teledu.

"Beth yn y byd . . .? Beth ydy'r sŵn yna?" meddyliodd Sam. "Wel, wrth gwrs, y gwartheg sy'n pori yn y cae yma. Maen nhw wedi cael ofn, a nawr maen nhw'n rhuthro o gwmpas y cae fel pethau gwyllt yn y tywyllwch."

Ie, tywyllwch ond am y golau melyn oedd yn dod o'r soser. "Maen nhw fel cysgodion yn rhuthro o gwmpas y lle," meddyliodd Sam wedyn. "Rhaid i fi fynd i ben y gât yna. Fe fydda i'n eu gweld nhw'n well wedyn . . . a gweld y soser yn well hefyd."

Neidiodd Sam allan o'i gaban a dringo i ben y gât oedd yn arwain i'r cae. Yna, ar unwaith, fe ddaeth golau mawr o'r soser, golau mawr fel y chwilolau roedd e wedi ei weld ar ffilm o awyrennau'n bomio Llundain yn ystod y rhyfel diwethaf. Sgubodd y golau rownd y cae yn dilyn y gwartheg fel roedden nhw'n rhuthro mewn stampîd.

"Beth nawr?" meddyliodd Sam.

Roedd y chwilolau yn dilyn y gwartheg o hyd, ac yna'n sydyn, fe ddaeth golau arall o'r soser. Golau yn y soser ei hun oedd hwn, fel y golau pan fydd drws yn cael ei agor. Edrychodd Sam yn ofalus.

"Mae rhywun wedi agor drws yn y soser, yn ddigon siŵr,"

---

disgyn, *to descend*
glanio, *to land*
stampîd gwartheg, *cattle stampede*
y gwartheg sy'n pori, *see Notes on adjective clauses*
pori, *to graze*
rhuthro, *to rush*
fel pethau gwyllt, *like mad things*

tywyllwch, *darkness*
ond am y golau melyn, *except for the yellow light*
cysgod/ion, *shadow/s*
chwilolau, *searchlight*
yn ystod, *during*
y rhyfel diwethaf, *the last war*
sgubo, *to sweep*

meddai Sam. "Tybed fydd rhywun yn dod allan. Piti bod dim sbienddrych gen i yn y fen."

Ac fel roedd e'n edrych ac yn meddwl, fe welodd e rywbeth yn cael ei wthio allan drwy'r drws. Beth oedd e?

"Drat! Piti bod y sbienddrych ddim gen i," meddai Sam am yr ail waith. "Fe hoffwn i wybod beth ydy hwnna sy'n cael ei wthio allan nawr. Beth ydy e, tybed." Ac yna'n araf, "A . . . a! Fe wn i beth ydy e. Rhyw fath o gangwe, fel sy'n cael ei ddefnyddio i fynd ar fwrdd llong . . ."

Ie, gangwe oedd e, a dyna fe'n cael ei wthio allan nes bod un pen ar lawr y cae a'r pen arall yn y soser.

"Fe fydd rhywun neu rywbeth yn dod allan ar hyd y gangwe yna nawr."

Yn sydyn, fe welodd Sam ddau gysgod yn sefyll yn y golau oedd yn dod o'r drws yn y soser. Roedden nhw'n edrych fel dau gysgod i Sam achos roedd y golau ar eu cefnau. Ond roedd eu siâp nhw'n ddigon clir.

"Dynion ydyn nhw," meddyliodd Sam. "Wel, maen nhw yr un siâp â dynion, ond efallai . . . efallai bod eu pennau nhw'n fwy. Hew! Ydyn. Mae pennau mawr ganddyn nhw, fel pen yr hen Wil Dwp oedd yn byw yn ein stryd ni ers llawer dydd. Ond does dim côt a throwsus ganddyn nhw . . . Wel, dydw i ddim yn gweld siâp côt a throwsus. Mae rhaid eu bod nhw'n gwisgo rhyw fath o siwt undarn sy'n dynn amdanyn nhw. Rydw i wedi gweld rhai tebyg iddyn nhw mewn ffilmiau ar y teledu. Ond does dim byd ganddyn nhw ar eu cefnau . . . dim fflasgiau o ocsigen, fel sy gan ein dynion ni pan maen nhw'n mynd i'r gofod . . . neu sy gan y dyn Cousteau yna pan mae e'n mynd dan y dŵr i dynnu lluniau. Efallai eu bod nhw'n gallu byw ar ein hawyr ni."

sbienddrych, *telescope, spyglass*
drws yn cael ei agor, *a door being opened (see Notes on 'passive voice')*
rhyw fath o gangwe, *some sort of gangway*
ar fwrdd llong, *on board ship*
un pen ar lawr y cae, *one end on the floor of the field*

ar hyd y gangwe, *along the gangway*
yr un siâp â dynion, *the same shape as men*
undarn, *one-piece*
tynn, *tight*
fflasgiau ocsigen, *oxygen flasks*
i'r gofod, *into space*
tynnu lluniau, *to take photographs*

Yna, diffoddodd y golau o'r drws, neu roedd y drws wedi cael ei gau, a ble roedd y dynion . . . y ddau gysgod? Oedden nhw wedi dod allan? Dacw nhw! Roedd y golau melyn oedd o amgylch y soser yn ddigon i ddangos y ddau gysgod yn cerdded i lawr y gangwe. Beth roedden nhw'n mynd i'w wneud nawr?

Roedd y gwartheg wedi peidio â rhedeg o amgylch y cae erbyn hyn achos roedd y soser yn sefyll heb symud ar ganol y cae. Ond roedd y chwilolau yn sgubo rownd a rownd o hyd, a dyna fe'n sefyll yn sydyn a dal grŵp o wartheg mewn cornel yn y cae. Roedd Sam yn gallu eu gweld nhw'n glir achos doedden nhw ddim mwy na hanner canllath i ffwrdd oddi wrtho fe. Roedden nhw'n nodio ac yn ysgwyd eu pennau'n wyllt. Roedd ar Sam ofn eu bod nhw'n barod i ruthro ar y ddau ddyn oedd nawr yn cerdded yn araf atyn nhw . . . os dynion oedd y ddau gysgod, wrth gwrs. Ond roedd hi'n amlwg i Sam fod dim ofn ar y dynion achos ymlaen roedden nhw'n mynd. Efallai eu bod nhw ddim wedi gweld gwartheg o'r blaen . . . eu bod nhw ddim yn gwybod bod cyrn gan rai gwartheg o hyd, a bod y cyrn yn beryglus. Pan oedd y dynion tua deg llath oddi wrth y gwartheg, fe safon nhw'n llonydd. Efallai eu bod nhw wedi gweld y cyrn ar bennau rhai o'r gwartheg! A nawr roedden nhw'n sefyll yn y chwilolau, ac roedd Sam yn gallu eu gweld nhw'n glir, gweld eu siâp nhw, gweld y siwtiau o ryw liw melyn oedd amdanyn nhw, gweld yr helmet (neu rywbeth oedd yn debyg i helmet) am eu pennau. Ac yn llaw un o'r dynion, fe welodd Sam rywbeth oedd yn edrych yn debyg i wn o ryw fath.

Roedd y gwartheg yn dechrau symud nawr, yn ysgwyd eu pennau, a dyma un ohonyn nhw'n dod yn araf tuag at y dyn-

---

o amgylch, *around*
Roedd y gwartheg wedi peidio â rhedeg, *The cattle had stopped running*
erbyn hyn, *by this time*
ar ganol y cae, *in the middle of the field*
Os dynion oedd y ddau gysgod, *If the two shadows were men*

corn/cyrn, *horn/s*
peryglus, *dangerous*
tua deg llath, *about ten yards*
o ryw liw melyn, *of some yellow colour*
neu rywbeth oedd yn debyg i, *or something that was like*
gwn/gynnau, *gun/s*

ion. Tarw oedd e, yn ddigon amlwg. A dyna fe'n taro'r llawr
â'i droed flaen a chwythu drwy ei drwyn. Roedd ofn ar Sam ei
fod e'n mynd i ruthro ar y dynion. Chwythu drwy ei drwyn
unwaith eto fel draig, a Sam yn gallu gweld y stêm yn dod o'i

tarw, *bull*   draig, *dragon*
taro, *to strike, to knock, to hit*

69

drwyn. Yn wir, roedd ofn ar Sam, ofn gweld y dynion yn cael eu taro i'r llawr gan y tarw.

"*Look out!*" gwaeddodd Sam. "Mae e'n mynd i ruthro arnoch chi!"

Ond roedd Sam wedi anghofio am y gwn oedd yn llaw un o'r dynion. Fel roedd y tarw yn rhuthro arnyn nhw, fe neidiodd y ddau i'r ochr. Fe gododd y dyn â'r gwn ei fraich. Dyna fflach sydyn, ond dim sŵn, ac fe gwympodd y tarw i'r llawr. Wel, na, chwympodd e ddim yn syth i'r llawr, ond dyna'r tro cyntaf erioed i Sam weld anifail mawr yn troi tîn-dros-ben. Ie, dyna beth wnaeth e, troi tîn-dros-ben . . . fel clown mewn syrcas, neu ferch wrth wneud gymnasteg. Fe aeth pen y tarw i lawr, ac WPS! fe aeth ei dîn i fyny yn yr awyr a throi drosodd. Gorweddodd y tarw yn llonydd, llonydd heb symud ar laswellt y cae. Rhedodd y ddau ddyn wedyn i ganol y gwartheg oedd yn y cornel a gweiddi a'u gyrru nhw i ran arall o'r cae. Ac roedd Sam yn gweld popeth a'i geg ar agor mewn syndod.

"Beth nawr?" meddyliodd Sam, ac yna, "wel, wrth gwrs, mae lleisiau gan y dynion yna. Roedden nhw'n gweiddi ar y gwartheg. Lleisiau od hefyd . . . fel dynion yn gweiddi drwy eu trwynau . . . fel dynion a'r catár arnyn nhw'n ddrwg. Beth ddywetson nhw? Rhyw eiriau od. Doeddwn i ddim yn deall un gair." Chwerthodd Sam yn dawel wrtho'i hun. "Od iawn eu bod nhw ddim yn siarad Saesneg, neu iaith America, achos mae pawb sy'n byw ar y planedau eraill yn siarad Saesneg. Wel, maen nhw ar y ffilmiau teledu beth bynnag. Dydy'r Saeson ddim wedi bod ar blaned y dynion yma i ddysgu Saesneg iddyn nhw." Ac fe chwerthodd Sam yn dawel wrtho'i hun unwaith eto. "A beth nawr? Fydd y tarw'n cael ei godi i mewn i'r soser? A pheth arall, ydy'r tarw wedi cael ei ladd? Dim ond wedi cael ei roi i gysgu mae e, efallai."

---

y dyn â'r gwn, *the man with the gun*
y tro cyntaf erioed, *the first time ever*
troi tîn-dros-ben, *to turn a somersault*
tîn, *backside*
troi drosodd, *to turn over*
gorwedd, *to lie down*

glaswellt, *grass*
i ran arall o'r cae, *to another part of the field*
fel dynion a catár arnyn nhw'n ddrwg, *like men with bad catarrh*
lladd, *to kill*

70

Erbyn hyn, roedd y dynion wedi mynd at y tarw. Fe safon nhw wrth ei ochr e, a dyma un ohonyn nhw'n fflachio golau tuag at y soser. Yn araf, araf symudodd y soser ar draws glaswellt y cae, ac aros wrth ochr y dynion a'r tarw. Dyna ddrws yn y soser yn cael ei agor, ac fe welodd Sam ddau ddyn yn y golau o'r drws—a'r ddau'n gwisgo'r un math o siwtiau undarn melyn—a rhywbeth yn cael ei wthio at y drws. Roedd y peth yn edrych yn debyg iawn i graen. A dyna beth oedd e achos roedd rhaffau'n hongian oddi wrtho fe. Roedd y dynion yn y cae wedyn yn brysur iawn yn clymu'r rhaffau wrth y tarw, ac mewn munud—mwy, efallai—roedd y tarw wedi cael ei godi i mewn i'r soser.

"Wel, myn brain!" meddai Sam. "Maen nhw wedi codi'r tarw i mewn i'r soser. Beth maen nhw'n mynd i'w wneud â fe, tybed. Efallai bod dim cig ganddyn nhw ar eu planed nhw . . . neu o ble bynnag maen nhw wedi dod . . . Neu efallai eu bod nhw'n mynd â fe er mwyn ei astudio fe, er mwyn gwybod sut anifeiliaid sy gennyn ni ar ein planed ni . . . neu efallai bod ganddyn nhw fuchod ond dim tarw! Neu eu bod nhw eisiau tarw gwell. Na, mynd â'r tarw er mwyn ei astudio fe maen nhw, siŵr o fod . . . Fe fydd y soser yn mynd nawr . . . Ond dydyn nhw ddim wedi cau'r drws ar ôl iddyn nhw gael y tarw ar fwrdd y soser . . . Efallai eu bod nhw eisiau eraill o'r gwartheg . . . Ydyn, achos dyna'r gangwe'n cael ei wthio allan eto . . . a dau ddyn yn cerdded i lawr i'r cae. Does dim gwn ganddyn nhw y tro hwn . . . Dim gwn? Oes, wir, mae gwn gan un o'r dynion. Mae rhaid eu bod nhw'n mynd ar ôl y gwartheg. Efallai eu bod nhw'n mynd i fridio gwartheg ar eu planed nhw . . . Na . . . na . . . dydyn nhw ddim yn mynd ar ôl y gwartheg . . . Maen nhw'n dod tuag at y gât yma! Mae rhaid eu bod nhw wedi fy nghlywed i'n gweiddi . . . O, beth wna i? Beth wna i? Efallai eu bod nhw am fynd â fi yn y soser! Duw a'm helpo! Dydw i ddim eisiau mynd i'w planed nhw. Rydw i'n

---

'r un math o siwtiau, *the same sort of suits*
craen, *crane*
o ble bynnag, *from wherever*

astudio, *to study*
buchod, *cows*
bridio, *to breed*

71

hapus ar ein daear ni . . . gyda fy mhiano . . . a'r canu . . . O, Duw a'm helpo . . . Beth wna i . . ."

Edrychodd Sam o'i gwmpas yn ei ofn. Doedd dim lle i ddianc . . . dim ond i mewn i'r fen a chloi'r drws. Neidiodd i lawr o ben y gât a llithro i mewn i'w gaban a chau a chloi'r drws.

"Gobeithio bod y gwn yna ddim yn gallu saethu drwy ffenestr y fen yma . . . O, jiw, jiw! Mae hi ar ben arna i!"

Doedd Sam ddim yn gallu gweld y dynion yn glir nawr achos roedd y chwilolau wedi cael ei ddiffodd, a doedd y golau melyn o'r soser ddim yn cyrraedd at y gât. Roedd hi ym meddwl Sam droi'r lampau mawr ymlaen er mwyn gallu gweld y dynion yn well, ond gwell peidio . . . ie, gwell peidio.

"Fe wn i," meddai fe. "Cau fy llygaid. Fe fyddan nhw'n meddwl wedyn fy mod i'n cysgu, a fy mod i ddim wedi gweld dim byd . . . fy mod i ddim wedi'u gweld nhw'n saethu'r tarw ac yn ei godi fe i mewn i'r soser . . ."

Fe ddaeth y dynion at y gât. Roedd llygaid Sam ynghau, ond roedd ei glustiau ar agor! Roedd e'n gallu clywed popeth. Fe glywodd e'r dynion yn dringo dros y gât.

"Fe fyddan nhw'n ceisio agor drws y caban yma nesaf . . . Duw a'm helpo i wedyn! . . . Ta-ta, Gymru . . . Ta-ta, Gwmni Cludiant Saff . . . Ta-ta, bawb! Os bydda i'n cael fy nghario i ffwrdd i ryw blaned arall, gobeithio bydd piano yno . . . Amen!"

Roedd Sam eisiau agor ei lygaid i weld beth oedd yn mynd ymlaen. Roedd e'n cofio bod y lampau ar ochrau'r fen yn olau o hyd, ond gwell peidio ag agor ei lygaid . . . Gwell peidio. Efallai bod y dynion y foment honno'n edrych arno fe drwy ffenestr y caban, a'r dyn yn codi'r gwn yn barod i saethu. "O, mam annwyl!" meddai Sam wrtho'i hun. Roedd ei wddw e'n sych, a'i galon yn curo fel drwm. Gwrando a gwrando, ond doedd Sam ddim yn clywed dim sŵn nawr, dim ond ei galon

---

Duw a'm helpo, *God help me*
o'i gwmpas, *around him, about him*
dianc, *to escape*
ar ben arna i, *all up with me*
gwell peidio, *better not*
ynghau, *closed*

nesaf, *next*
y foment honno, *at that moment*
mam annwyl! *dear mother!*
sych, *dry*
curo, *to beat*
dim sŵn, *not a sound*

73

yn curo . . . bwm-bwm, bwm-bwm, bwm-bwm . . . dim sŵn
. . . dim sŵn . . . dim . . . s . . . s . . . s . . . a Sam yn teimlo ei fod
e'n llithro i lawr i ryw bwll neu dwll mawr . . . i lawr . . . dim
. . . s . . . s . . . ac roedd Sam yn cysgu'n sownd . . . Rydych
chi'n cofio ei fod e wedi blino'n lân, ei lygaid yn brifo ac yn
llosgi yn ei ben. Welodd e mo'r soser yn codi ac yn hedfan i
ffwrdd.

Deffrodd Sam yn sydyn. Roedd rhywun yn curo ar ffenestr
y caban, ac yn ceisio agor y drws. "Mam annwyl! Dyma nhw,
dynion y soser," meddai Sam. Roedd rhaid iddo fe agor ei lyg-
aid nawr.

"Hei!" meddai llais o'r tu allan. "Agorwch y drws yma!"

Agorodd Sam ei lygaid, ac yn y ffenestr, fe welodd e . . . na,
neb o blaned arall, ond wynebau dau blismon. Gwelodd
hefyd eu car nhw. Agorodd e'r drws ar unwaith.

"Y ffŵl dwl!" meddai un o'r plismyn. "Beth rydych chi'n ei
wneud yn cysgu yn y fen yma a'r goleuadau i gyd yn olau . . . y
lampau mawr, blaen, a lampau'r ochrau?"

"Y? Be . . . beth? Cysgu a'r lampau i gyd . . . yn olau. Mae
rhaid fy mod i wedi troi'r goleuadau ymlaen wedi'r cwbl er
mwyn i fi weld y dynion o'r soser yn well . . . ond maen nhw
wedi mynd nawr." Edrychodd Sam drwy'r gât i'r cae. "Ac
mae'r soser ei hun wedi mynd hefyd."

"Soser? Am beth rydych chi'n siarad, y dyn dwl?" gof-
ynnodd y plismon.

"Fe welais i soser hedfan yn y cae, a dynion yn dod allan
ohoni hi, a tharw'n cael ei saethu ac yn cael ei godi i mewn i'r
soser," meddai Sam. A dyma fe'n dweud y stori i gyd wrth y
plismyn, am y dynion yn eu siwtiau undarn, melyn yn dod i
lawr y gangwe, am y tarw'n troi tin-dros-ben . . . am y craen
yn codi'r tarw i mewn i'r soser, ac fel roedd e'n meddwl bod y
dynion yn dod i'w saethu fe yn y fen . . .

Ac ar ôl i Sam orffen ei stori, beth wnaeth y plismyn?

pwll, *pit*
twll, *hole*
Welodd e mo'r soser yn codi, *He*
  didn't see the saucer rising

deffro, *to wake up*
wedi'r cwbl, *after all*

Chwerthin! Ie, chwerthin! Dyna beth wnaethon nhw. Chwerthin a chwerthin nes eu bod nhw'n goch eu hwynebau ac mewn perygl o gael ffit bob un.

"Ho-ho-ho-o-o-o-o-! O, rydych chi'n dwp," meddai un o'r plismyn. "Pan ddaethon ni at y fen yma, roeddech chi'n cysgu'n braf ac yn chwyrnu fel mochyn. Rydych chi wedi bod yn breuddwydio . . . ie, breuddwydio. Rydych chi wedi breuddwydio'r cwbl am y soser yma a'r dynion yn eu siwtiau melyn."

"Roeddwn i eisiau cysgu, rydw i'n gwybod. Dyna pam troais i i mewn i'r gilfach barcio yma," atebodd Sam, "ond doeddwn i ddim yn breuddwydio. Fe welais i'r soser a'r dynion a'r cwbl mor glir ag rydw i'n eich gweld chi nawr. Rydw i'n siŵr . . . yn siŵr . . ."

chwyrnu, *to snore*   breuddwydio, *to dream*

"Twt!" meddai'r plismon. "Beth wnaethoch chi oedd tynnu i mewn i'r gilfach barcio yma a mynd i gysgu ar unwaith, cyn i chi gael amser i ddiffodd y goleuadau. Roeddech chi wedi blino, a breuddwydio'r cwbl wnaethoch chi. Nawrte, i ble rydych chi'n mynd?"

"I Gaerdydd," atebodd Sam.

"Ydych chi'n teimlo'n iawn nawr?"

"Ydw, ydw."

"Wel, i ffwrdd â chi, a pheidiwch â mynd i gysgu eto, neu efallai yn yr ysbyty byddwch chi'n deffro . . . os deffro o gwbl. I ffwrdd â chi!"

Ac i ffwrdd aeth Sam. Roedd e'n teimlo'n gas wrth y plismyn, eu bod nhw ddim yn ei gredu fe. Chwerthin am ei ben e, wir! Hy! Nhw oedd yn dwp. Ie, nhw. "Ond fydda i ddim yn dweud gair wrth neb am y soser, neu chwerthin am fy mhen i byddan nhw hefyd, yr un fath â'r plismyn twp yna . . ."

Ond pwy oedd yn chwerthin yn y diwedd? Nid y plismyn. Yn y papur y diwrnod wedyn, roedd stori bod ffermwr o Bowys wedi colli ei darw gorau o un o'i gaeau. Lladron oedd wedi dwyn y tarw, meddai'r papur, ond roedd Sam yn gwybod yn well. Erbyn hyn, roedd y tarw ar ei ffordd i blaned arall, ac efallai ei fod e wedi cyrraedd yno'n barod, ond ddywedodd Sam ddim un gair wrth neb . . . naddo, naddo, dim un gair . . .

beth wnaethoch chi, *what you did*   yr un fath â, *the same as*
ysbyty, *hospital*

5. Thomas fydd ei enw

Roedd Sam ar ei ffordd adref i Gaerdydd, ac er ei fod e ar y draffordd, doedd e ddim ar frys, dim ar frys o gwbl. Roedd amser ganddo fe i edrych o gwmpas a mwynhau gweld yr ŵyn yn y caeau, gweld y coed yn dechrau glasu a theimlo gwynt ysgafn y gwanwyn yn chwythu ar ei wyneb drwy ffenestr agored ei gaban. A pheth arall, doedd e ddim wedi bod yn y rhan yma o'r wlad o'r blaen. Edrychodd ar ei wats. Roedd hi'n chwarter wedi dau.

"Nag oes, does dim brys," meddai Sam wrtho'i hun. Roedd e'n siarad â'i hun yn aml pan oedd e ar ei ben ei hun yn y fen. "Ar y sbîd yma, fe fydda i'n cymryd tua awr i gyrraedd yr iard, ac fe fydd hi'n chwarter wedi tri erbyn hynny. Os bydda i'n cyrraedd cyn i'r cloc daro tri, efallai bydda i'n cael fy ngyrru allan ar waith arall, a dydw i ddim eisiau gwaith arall heddiw. Wrth gwrs, mae'r bòs yn ddigon parod i dalu arian dros amser, ac er fy mod i'n hoff o arian, dydw i ddim eisiau gweithio dros amser heddiw. Na, mae rhaid i fi fynd adref yn syth achos mae rhaid i'r gân newydd gael ei dysgu. Dim ond tair wythnos sy cyn yr eisteddfod."

A dyma Sam yn dechrau hymian ei 'gân newydd'. "A!" meddai fe, "rydw i'n ei chofio hi'n dda iawn," ac felly, dyma fe'n dechrau canu'r geiriau. *'Ev'ry va-a-lley, ev'ry va-a-lley, sha-a-ll be exa-al-ted'* . . . ac fe stopiodd e bron cyn iddo fe ddechrau'n iawn.

Ar y llain galed, ymhell i fyny'r draffordd, roedd dyn yn sef-yll wrth ochr ei gar, ac roedd e'n chwifio'i freichiau'n wyllt. Ac er ei fod e'n ddigon pell i ffwrdd, roedd Sam yn siŵr mai

er ei fod e, *though he was (see Notes on 'er'/'bod')*
glasu, *to turn green (blue)*
siarad â'i hun, *talking to himself*
ar y sbîd yma, *at this speed*
tua awr, *about an hour*
erbyn hynny, *by that time*

bydda i'n cael fy ngyrru, *I shall be sent (see Notes on 'passive voice')*
bron cyn iddo fe ddechrau'n iawn, *almost before he had properly started*
y llain galed, *the hard shoulder*
chwifio, *to wave*

Marina oedd y car. Ond beth oedd yn bod ar y dyn? Roedd rhaid ei fod e mewn trwbwl mawr i chwifio'i freichiau fel yna, ac mor bell i ffwrdd hefyd. Yr un pryd, fe ddaeth dau gar a mynd heibio i Sam fel fflach, un ar ôl y llall. Roedden nhw'n mynd dros saith deg milltir yr awr, a Sam yn siŵr yn ei feddwl mai cael ras roedd y ddau. Roedd e'n siŵr hefyd fod y ddau yrrwr wedi gweld y dyn ar y llain galed achos fe gamodd e allan i'r ffordd, ac roedd bron iddo fe gael ei daro i lawr gan un o'r ceir. Ond mynd heibio iddo fe wnaethon nhw gan ganu cyrn eu ceir nes bod Sam yn tynnu wyneb hyll arnyn nhw. Yn ddigon siŵr, roedden nhw'n damio'r dyn hefyd am gamu allan i'r ffordd.

Roedd hi'n fwy nag amlwg i Sam nawr fod y dyn mewn trwbwl mawr iawn. Camu allan fel yna a pheryglu ei fywyd? Roedd rhaid ei fod e mewn trwbwl ofnadwy, ac roedd rhaid i Sam wybod beth oedd y trwbwl. Gwasgodd yn galed ar y brêc, ond fe aeth e heibio i'r dyn cyn iddo fe allu arafu digon i

mai Marina oedd y car, *that the car was a Marina (see Notes on sentence patterns with 'mai')*
yr un pryd, *at the same time*
camu, *to step*
gan ganu cyrn eu ceir, *sounding their car horns*
nes bod Sam, *see notes for 'nes' and 'bod' construction*

tynnu wyneb hyll, *to pull an ugly face*
damio, *to curse*
yn fwy nag amlwg, *more than obvious*
peryglu, *to endanger*
ofnadwy, *terrible*
arafu, *to slow down*

dynnu oddi ar y draffordd i'r llain galed. Stopiodd o'r diwedd a neidio allan o'i gaban. Brysiodd yn ôl at y dyn oedd nawr yn rhedeg tuag ato fe a'i wynt yn ei ddwrn.

"Beth sy? Beth sy'n bod?" gwaeddodd Sam.

"Y wraig! Y wraig!" gwaeddodd y dyn yn ôl. "Mae hi yn y car, ac fe fydd y babi'n cyrraedd unrhyw foment."

"Babi?" meddai Sam yn syn. "Mae eich gwraig yn mynd i gael babi, ac mae hi yn y car yna?"

"Ydy . . . ydy . . . Dewch, wir! Rydw i eisiau eich help. Mae'r Marina wedi torri i lawr. Roeddwn i ar y ffordd i'r ysbyty ond fe dorrodd y blwmin peth i lawr yn syth ar ôl i fi roi fy nhroed i lawr ar ôl cyrraedd y draffordd yma."

"Diawcs!" meddai Sam a'i wyneb yn troi'n wyn. Roedd babis yn cael eu geni—ac ar y draffordd hefyd—yn beth newydd iddo fe. "Mae'r babi mor agos â hynny?"

"Fe fydd e'n cyrraedd unrhyw foment," meddai'r dyn. "Does dim amser i'w golli. Dewch 'n ôl at y car gyda fi. Os bydd y babi'n cael ei eni yn y car, does gen i ddim syniad beth i'w wneud. Dyma'n babi cyntaf ni."

"Duw a'n helpo ni; does dim syniad gen i chwaith beth i'w wneud," meddai Sam druan.

"Duw a helpo'r wraig felly," meddai'r dyn a'i bryder yn amlwg yn ei wyneb. "O, beth wnawn ni?"

"Yn gyntaf," meddai Sam, "mae rhaid i ni gadw'n pennau, cofiwch. A dyma beth wnawn ni—cario'ch gwraig i mewn i'r fen, a mynd â hi'n syth i'r ysbyty gan obeithio fydd y babi ddim yn cael ei eni cyn i ni gyrraedd yr ysbyty. Mae digon o le yn y caban, dim ond cael eich gwraig i mewn iddo fe."

"Wel, brysiwch, te," meddai'r dyn.

"Mae rhaid i ni gadw'n pennau cofiwch. Dyna beth ddywedais i," meddai Sam. "Rhaid i fi facio'r fen yn ôl at eich car.

a'i wynt yn ei ddwrn, *with his wind in his fist, out of breath*	cadw'n pennau, *keep cool*
y wraig, *the wife*	beth wnawn ni? *what shall we do?*
mor agos â hynny, *so close as that*	dyma beth wnawn ni, *this is what we'll do*
yn cael eu geni, *being born*	Dyna beth ddywedais i, *That's what I said*
syniad, *idea*	
pryder, *anxiety*	bacio, *to back, to reverse*

Ewch chi'n ôl at eich gwraig nawr tra bydda i'n bacio'r fen. Fe fydd hi'n dipyn o job ei chael hi i mewn i'r caban achos mae e mor uchel, ond peidiwch â phoeni, fe wnawn ni rywbeth. Ewch nawr at eich gwraig."

Brysiodd y dyn yn ôl at ei wraig, a dringodd Sam i mewn i'w gaban. Ac yna, er bod ei ddwylo fe'n crynu, fe faciodd Sam y fen fawr mor ofalus nes ei bod hi'n dynn wrth ochr y Marina. Neidiodd allan ar unwaith wedyn gan adael i'r injan redeg, ac fe aeth e at y car.

"A'n helpo ni!" meddai fe pan welodd e'r olwg ar wyneb y wraig ifanc.

Roedd y chwys yn rhedeg i lawr ei bochau hi, er mai dim ond côt a choban oedd amdani hi. Ac roedd hi'n amlwg ei bod hi mewn poen mawr . . . oddi wrth ei sŵn hi, beth bynnag. Roedd hi'n hanner gorwedd ar sedd ôl y car, ac roedd hynny'n siŵr o wneud pethau'n fwy anodd i'w chael hi allan. Pam roedd y ffŵl o ŵr wedi ei rhoi hi yn y sedd ôl? Dyna beth oedd yn rhedeg drwy feddwl Sam, ond meddai fe,—

"Peidiwch â phoeni, misus fach. Fe fyddwch chi yn yr ysbyty mewn byr amser nawr. Nawrte, allwch chi godi ar eich eistedd? Fydd hi ddim mor anodd eich cael chi allan o'r car yma wedyn."

Ceisiodd y wraig godi, ond yn amlwg roedd ei phoenau hi'n fwy.

"Ewch chi," meddai Sam wrth y gŵr wedyn, "ewch chi i'r sedd gefn i'w helpu hi i godi ar ei heistedd."

Llithrodd y dyn i mewn i'r sedd ôl a'i chodi hi. Yna fe lithrodd Sam ei ddwylo odani hi a'i chodi a'i charia allan o'r car. Roedd y chwys yn rhedeg i lawr ei wyneb e erbyn hyn—ond

---

tra bydda i'n bacio, *while I am reversing*
nes ei bod hi'n dynn, *until it was tight (close)*
gan adael i'r injan redeg, *leaving the engine running*
chwys, *sweat, perspiration*
boch/au, *cheek/s*
coban, *nightdress*

poen, *pain*
sedd ôl, *back seat*
ffŵl o ŵr, *fool of a husband*
mewn byr amser, *in a short time*
allwch chi godi, *can you rise up*
ar eich eistedd, *in a sitting position*
sedd gefn, *back seat*
i'w chael hi allan, *to get her out*

chwys o bryder oedd ei chwys e . . . a'r straen o godi'r wraig hefyd, wrth gwrs.

Ond roedd problem o flaen Sam nawr. Sut roedd e'n mynd i gael y wraig i mewn i gaban y fen achos roedd e mor uchel.

"Amhosibl," meddai Sam yn ei feddwl.

"Brysiwch," meddai'r wraig yn ei phoen. "Mae'r plentyn yn dod, rydw i'n siŵr."

"Diawcs!" meddyliodd Sam a chau ei ddannedd yn dynn. "Beth wnawn ni nawr?"

Ac yna, fe gafodd e syniad. Fe gofiodd e am y bocsys trwm ond gwag oedd yng nghefn y fen. "Camu ar ben un o'r bocsys, a fydd hi ddim yn anodd cael y wraig yma i mewn i'r fen," meddyliodd Sam.

"Mae bocsys yng nghefn y fen," meddai fe wrth y gŵr oedd erbyn hyn yn cnoi ei fysedd yn ei bryder. "Mae'r allwedd ym mhoced dde fy nhrowsus. Tynnwch hi allan ac agorwch y fen a dewch ag un o'r bocsys mwya cryf yma."

Roedd y wraig yn mynd yn drymach, drymach ym mreichiau Sam.

"Brysiwch," meddai fe wrth y gŵr. A brysio wnaeth e hefyd, achos roedd e hefyd wedi gweld y broblem o godi ei wraig i mewn i'r caban. Mewn llai na hanner munud, roedd y bocs—bocs cryf oedd wedi bod yn dal potiau jam—ar y llawr wrth ddrws y caban.

"Ewch chi i mewn i'r caban," meddai Sam wrth y gŵr, "i'w helpu hi i mewn pan fydda i'n sefyll ar y bocs yma."

Camodd Sam i ben y bocs a'r wraig nawr bron â thynnu ei freichiau o'u socedau, roedd hi mor drwm. Roedd y chwys yn rhedeg i lawr wyneb Sam fel afon.

"Nawrte, ydych chi'n barod?" gofynnodd Sam. "Un, dau, tri . . . hwb!"

Lwc bod Sam yn ddyn mor gryf. Fe gododd e'r wraig nes ei bod hi'n lefel â'r sedd yn y caban, a'i gwthio hi'n ysgafn wedyn

straen, *strain*
dannedd, *teeth*
cnoi, *to chew, to bite*
ym mhoced dde, *in the right hand pocket*

yn drymach = mwy trwm, *heavier*
llai na, *less than*
bron â thynnu, *almost pulling*
lefel â, *level with*

81

ymlaen, a'i gŵr hi'n helpu i ddal ei phen a'i hysgwyddau. A'r funud honno, fe dorrodd y bocs o dan draed Sam nes ei fod e'n fflat ar y llawr. Ond roedd y wraig druan yn saff ar y sedd yn y caban.

"Ydych chi wedi brifo?" gwaeddodd y gŵr yn ei bryder.

"Twt! Nag ydw," atebodd Sam a chodi a dringo i mewn i'r fen. "Nawrte, i ffwrdd â ni . . ." a stopiodd yn sydyn. "Eich car chi," meddai fe. "Mae'n well i chi ei gloi e, neu fydd e ddim yma erbyn i chi ddod yn ôl."

"Does dim ots am y car uffach. Cael y wraig i'r ysbyty sy'n bwysig," atebodd y gŵr.

"O'r gorau," meddai Sam a dodi'r injan mewn gêr.

Cydiodd y gêr a symudodd y fen fawr ymlaen. Gwasgodd Sam ei droed ar y sbardun a newid gêr . . . unwaith . . . ddwy-waith . . . tair . . . nes ei fod e yn y gêr uchaf. Rhuthrodd y fen ymlaen fel rhyw ddraig enfawr o'r hen, hen amser.

"Wn i ddim ble mae'r ysbyty," meddai Sam. "Rydyn ni'n mynd y ffordd iawn?"

"Ydyn, ydyn. Fe wn i'r ffordd. Syth ymlaen," atebodd y gŵr gan sychu chwys oddi ar ei dalcen ag un llaw tra oedd y llall yn ceisio cadw ei wraig rhag cael ei hysgwyd gormod yn y fen.

"Faint o ffordd sy i'r ysbyty?" gofynnodd Sam wedyn.

"Tua chwe milltir," atebodd y gŵr.

"Chwe milltir? Fe fyddwn ni yno mewn deng munud ar y sbîd yma. Sut mae'r wraig nawr?"

Fe atebodd y wraig drosti ei hunan.

"Mae'r poenau'n ofnadwy," meddai hi. "Brysiwch. Fydd y plentyn ddim yn hir nawr. O, brysiwch!"

Gwasgodd Sam yn drymach, drymach ar y sbardun nes bod y fen yn crynu drwyddi fel rhyw hen wraig gant oed. Ac yna beth welodd Sam ond car polîs! *Rover* dau bwynt wyth litr.

A'r funud honno, *At that minute*
Mae'n well i chi ei gloi e, *You had better lock it*
erbyn i chi ddod yn ôl, *by the time you come back*
yn y gêr uchaf, *in top gear*
gormod, *too much*

faint o ffordd, *how far*
drosti ei hunan, *for herself*
hen wraig gant oed, *an old woman a hundred years old*
beth welodd Sam ond, *what did Sam see but*

Roedd e'n sefyll ar y llain galed, a'r ddau blismon ynddo'n mwynhau smôc, mae'n siŵr. Roedd y fen yn mynd ymhell dros saith deg milltir yr awr, a doedd dim gobaith arafu mewn pryd.

"Beth wnawn ni nawr?" meddai Sam wrtho'i hun. "Fe fydd y plismyn yna ar ein hôl ni nawr."

Roedd y gŵr wedi gweld y car polîs hefyd.

"Peidiwch ag aros," meddai fe. "Fe fyddwn ni yn y dref cyn iddyn nhw ein dal ni. Wnân nhw ddim byd i chi ar ôl iddyn nhw gael y stori i gyd, os oes calonnau ganddyn nhw."

"Maen nhw'n gallu bod yn gas iawn," meddai Sam. Roedd tipyn bach o ofn y polîs arno fe er ei fod e ddim erioed wedi cael ei ddal ganddyn nhw am fynd yn rhy gyflym neu am rywbeth arall. "Ond ymlaen â ni!"

Ond roedd y gŵr ymhell o'i le pan ddywedodd e basen nhw yn y dref cyn i'r plismyn eu dal nhw. Doedd e ddim wedi adnabod y ddau bwynt wyth litr fel roedd Sam. Mewn llai na milltir, roedd y *Rover* yn gyrru wrth ochr y fen, ac roedd un o'r plismyn yn chwifio'i law i'r fen dynnu i'r llain galed.

"Mae rhaid i fi dynnu i'r ochr," meddai Sam, "neu fe fydd hi'n ddrwg arna i am fynd mor gyflym."

"Ond y wraig, ddyn, a'r babi," meddai'r gŵr druan. "Beth fydd yn digwydd iddi hi? Gwrandewch arni hi. Mae ei sŵn hi'n ddigon i dorri calon dyn."

"Efallai bydd y plismyn yn gwybod beth i'w wneud os bydd y plentyn yn cael ei eni yma nawr yn y fen. Rydw i'n mynd i stopio."

Arafodd Sam a thynnu i'r ochr a stopio ar y llain galed. Stopiodd y plismyn o flaen y fen, a dyma nhw allan o'u car. Roedd un ohonyn nhw'n barod yn agor y llyfr bach du oedd

doedd dim gobaith arafu, *there was no hope of slowing down*
ar ein hôl ni, *after us*
adnabod, *to know*
Wnân nhw ddim byd, *They won't do anything*
tri litr a hanner, *three and a half litres*

ymhell o'i le, *far out of it, far wrong (far from his place)*
basen nhw yn y dref, *they would be in the town (see Notes for 'basen' and similar forms)*
llai na milltir, *less than a mile*
os bydd y plentyn yn cael ei eni, *if the child is born*

yn ei law. Ond doedd dim un ohonyn nhw'n brysio o gwbl. Doedd dim hast arnyn nhw.

"Brysiwch, y ffyliaid," meddai Sam rhwng ei ddannedd.

"Ddylech chi ddim mynd mor gyflym ar y draffordd," meddai un o'r plismyn yn araf. "Nawrte, gawn ni weld eich papurau ac ati?"

"Does dim amser gennyn ni i siarad fan yma," meddai Sam. "Rydyn ni ar frys i gyrraedd yr ysbyty. Mae'r wraig yma bron â rhoi genedigaeth i blentyn."

"By . . . beth? Genedigaeth i blentyn?" meddai'r plismon yn syn.

Camodd i ben stepen y fen ac edrych i mewn i'r caban. Roedd un olwg ar y wraig yn ddigon iddo fe, ac meddai fe,—

"Dilynwch ni!"

Fe aeth e'n ôl at y *Rover* yn fwy cyflym o lawer nag y daeth e at y fen, a'r plismon arall gyda fe. I ffwrdd â nhw a'r golau glas ar ben y car yn fflachio, a'r corn yn canu 'Y-hy, Y-hy, Y-hy, Y-hy . . .' Dilynodd Sam ar ôl y *Rover*, a'r sbîd ar y cloc o'i flaen e yn fuan yn dangos chwe deg milltir yr awr . . . saith deg . . . saith deg pump . . . wyth deg . . .

Ddylech chi ddim mynd mor gyflym, *You shouldn't go so fast*	stepen, *step*
gawn ni weld, *may we see*	Roedd un olwg yn ddigon, *One look was enough*
bron â rhoi genedigaeth, *almost giving birth*	Dilynwch ni, *Follow us*
	yn fwy cyflym o lawer, *much faster*

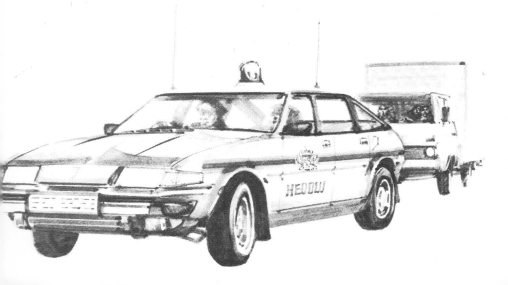

"Arswyd!" meddai Sam. Roedd arno fe ofn i'r fen fynd yn ddarnau dan ei ddwylo, roedd hi'n crynu ac yn ysgwyd mor ofnadwy. Sut roedd y wraig druan yn teimlo nawr? Edrychodd Sam arni hi am hanner eiliad. Roedd ei bochau hi'n goch fel tân, ond rownd ei gwefusau roedd ei hwyneb hi'n wyn fel yr eira. Roedd y chwys fel dagrau ar ei thalcen, a'i sŵn hi fel cyllell yn ei galon.

"Gobeithio fydd dim byd yn digwydd iddi hi cyn i ni gyrraedd yr ysbyty. Fe fyddwn ni yno mewn llai na deng munud ar y sbîd yma," meddyliodd Sam.

Tra oedden nhw'n rhuthro fel hyn ar hyd y draffordd, ac er bod Sam a'r gŵr yn y fen ddim yn gwybod, roedd un o'r plismyn yn brysur wrth ei set radio. Galwodd ar ei bencadlys i ffonio'r ysbyty i ddweud wrthyn nhw yno beth oedd ar y ffordd, fod gwraig oedd yn disgwyl plentyn unrhyw funud yn dod mewn men fawr. Roedd rhaid i'r nyrsys ac ati fod yn barod i'w derbyn hi ar unwaith.

Dyma nhw yn y dref, ac roedd rhaid arafu ychydig achos roedd y traffig yn drymach yn y strydoedd. Ond roedd golau glas y polîs yn fflachio o hyd, a'r corn yn canu ei 'Y-hy, y-hy, y-hy, y-hy . . .' gan glirio'r ffordd o'u blaen. A dyna'r drysau mawr i iard yr ysbyty, ac i mewn â'r *Rover* a'r breciau'n sgrechian. Dilynodd Sam a brecio'n galed nes bod y gŵr a'i wraig bron â mynd drwy'r sgrîn flaen. A'r eiliad honno fe ddaeth dwy nyrs allan i'r iard, a meddyg gyda nhw a phorter neu ddau gan wthio stretsier o'u blaen. Mewn byr amser fe gafodd y wraig ei chodi allan o'r fen, ei dodi ar y stretsier a'i gwthio i mewn i'r ysbyty. Welodd Sam neb erioed yn gweithio mor gyflym ac eto mor ofalus â'r ddwy nyrs yna.

"Ffiw!" meddai fe a chymryd hances o'i boced i sychu'r

arswyd, *horror*	gan glirio'r ffordd o'u blaen, *clearing the way before them*
eiliad, *second (of time)*	
talcen, *forehead*	a'r eiliad honno, *at that second*
calon, *heart*	meddyg, *doctor*
pencadlys, *headquarters*	Welodd Sam neb erioed, *Sam never saw anyone*
disgwyl, *to expect*	
derbyn, *to receive*	mor ofalus â'r ddwy nyrs yna, *so carefully as those two nurses*

chwys oddi ar ei dalcen a'i wyneb. "Ffiw, a ffiw eto!" Roedd ei ddwylo fe'n crynu.

A'r gŵr? Roedd e allan o'r fen fel jac-yn-y-bocs ac i ffwrdd â fe i mewn i'r ysbyty ar ôl y stretsier.

Fe ddaeth un o'r plismyn at Sam.

"Mae rhaid eich bwcio chi nawr am fynd mor gyflym ar y draffordd," meddai fe.

"Na!" atebodd Sam a'i geg e'n grwn gan syndod.

Ond gwenu roedd y plismon.

"Na, wir," meddai fe. "Rydw i'n siŵr eich bod chi wedi achub y wraig a'i phlentyn. Fe wnaethoch chi waith da."

"Ond mae rhaid diolch i chi hefyd," atebodd Sam. "Chi oedd yn clirio'r ffordd i ni. A dweud y gwir, roedd ofn yn fy nghalon weld y babi yna'n cael ei eni yn y fen. Mawredd!! Faswn i ddim yn gwybod beth i'w wneud."

"Fe faswn i'n gwybod, ond roeddwn i'n meddwl mai gwell oedd ei chael hi'r fam i'r ysbyty. Beth rydych chi am ei wneud nawr?" gofynnodd y plismon.

"Fe ddylwn i fynd tuag adref i Gaerdydd," atebodd Sam, "ond alla i ddim mynd nes fy mod i'n gwybod bod popeth yn iawn, bod y plentyn wedi cael ei eni, a bod y wraig . . . y fam . . . yn iawn. Fe gafodd hi ei hysgwyd mor ddrwg yn y fen. Roedd yr hen fen yn ysgwyd fel un o hen gerbydau Wells Fargo ers llawer dydd heb ddim sbrings odani hi."

"Os ydych chi am aros, mae'n well i chi symud y fen yma. Mae lle i barcio rownd y cornel. Mae rhaid cadw'r lle yma'n glir rhag ofn bydd ambiwlans eisiau dod i mewn. Dewch 'n ôl wedyn. Mae'n siŵr cewch chi gwpanaid gan rai o'r merched yn yr ysbyty."

yn grwn gan syndod, *round from (with) surprise*
achub, *to save*
Faswn i ddim yn gwybod, *I wouldn't know (see Notes)*
Fe faswn i'n gwybod, *I would know (see Notes)*
mai gwell oedd ei chael hi, *that it was better to get her . . .*

Fe ddylwn i fynd, *I ought to go*
ond alla i ddim mynd, *but I can't go*
cerbyd / au, *carriage/s*
Os ydych chi am aros, *If you intend staying, If you are going to stay*
mae'n well i chi symud, *you had better move*
rhag ofn, *for fear, in case*
cewch chi, *you'll have*

"Diolch," meddai Sam, "a diolch i chi unwaith eto am fod mor garedig."

"Dyna'n gwaith ni . . . bod yn garedig," atebodd y plismon . . .

"Ie, wir?" meddai Sam. "Fasai pawb ddim yn cytuno â chi, rydw i'n siŵr."

"Na fasen, debyg," meddai'r plismon gan wenu.

Gwenu wnaeth Sam hefyd, ac yna, "Gwell i fi symud nawr. Efallai cawn ni gwrdd eto rywbryd."

"Mae'r byd yn ddigon bach," atebodd y plismon. "Da boch chi nawr."

"Da boch chi . . ."

Awr ar ôl iddo fe barcio'r fen 'rownd y cornel', roedd Sam yn eistedd yn lobi'r ysbyty. Roedd e wedi yfed tua hanner dwsin cwpanaid o de tra oedd e'n eistedd yno. Ac roedd eisiau'r te arno fe achos roedd e wedi bod yn chwysu mor ddrwg. A basai pawb yn meddwl mai fe oedd tad y plentyn oedd yn cael ei eni—gobeithio—wrth fel roedd e'n codi o'i gadair bob munud neu ddau a cherdded o gwmpas y lle. Ac roedd ei lygaid ar bawb oedd yn dod i mewn i'r lobi o'r ysbyty ei hunan. Aros i weld y gŵr roedd e, a gobeithio mai 'tad' oedd e erbyn hyn. A dyma fe o'r diwedd. Roedd e'n wên o glust i glust, ac felly, doedd dim eisiau gofyn oedd popeth wedi mynd yn iawn. Yr unig gwestiwn roedd eisiau ei ofyn oedd 'bachgen neu ferch'. A dyna'r cwestiwn saethodd Sam at y gŵr . . . wel, 'tad' nawr.

"Bachgen," oedd yr ateb. "Bachgen saith pwys a hanner, ac O! rydw i'n hapus . . . hapus mai bachgen ydy e, a hapus bod popeth wedi mynd yn iawn, wrth gwrs."

---

fasai pawb ddim yn cytuno, *everyone would not agree (see Notes)*
Na fasen. *They would not*
gan wenu, *smiling*
cawn ni gwrdd eto rywbryd, *we shall meet again sometime*
A basai pawb yn meddwl, *Everyone would think (see Notes)*

oedd popeth wedi mynd yn iawn, *if everything had gone alright*
Yr unig gwestiwn, *The only question*
roedd eisiau ei ofyn, *that needed to be asked*
yn wên o glust i glust, *a smile from ear to ear*
saith pwys a hanner, *seven and a half pounds*

"Sut mae'r fam?" gofynnodd Sam.

"Ardderchog. Doedd dim trwbwl o gwbl."

"Nag oedd, mae'n siŵr, ar ôl iddi gael ei hysgwyd mor ddrwg yn y fen. Wel, da iawn, chi, a da iawn eich gwraig hefyd. A da boch chi nawr. Efallai cawn ni gwrdd eto rywbryd."

"Efallai? Does dim 'efallai' yn y peth o gwbl. Mae rhaid i chi ddod i'n gweld ni ar ôl i'r wraig . . . a'r mab . . . ddod adref o'r ysbyty. Ac mae rhaid i ni ddiolch i chi. Wn i ddim beth fasai wedi digwydd heb eich help chi. Ac rydyn ni, y wraig a fi, wedi bod yn meddwl am enw i'r mab. Beth ydy'ch enw chi?"

"F'enw i? Pam rydych chi'n gofyn?"

"Achos mae'r plentyn yn mynd i gael eich enw chi, er mwyn dangos mor ddiolchgar ydyn ni i chi."

"O, twt! Na! Enw twp iawn sy gen i."

"Dywedwch, beth ydy'ch enw chi."

"Wel, os oes rhaid i chi wybod . . . Samuel Handel Thomas . . ."

Tynnodd y gŵr wyneb sur. Yn amlwg, doedd e ddim yn hoffi'r enwau.

"Fe ddywedais i mai enw twp oedd gen i," meddai Sam.

"Samuel . . . Aw, na, wir! Handel? Fe oedd y boi sgrifennodd opera, neu oratorio neu rywbeth. Ie!"

"Fe sgrifennodd 'Y Meseia'," atebodd Sam.

"Wel, dydw i ddim yn hoffi'r enw 'Handel'. Samuel Handel Thomas . . . Wel, wrth gwrs, mae Thomas yn enw da iawn. Ie, Thomas! Dyna fe! Thomas fydd ei enw fe. Thomas Charles!"

"Thomas Charles beth?" gofynnodd Sam.

"Thomas Charles, dyna'r cyfan. Myrddin Charles ydw i."

"O, rydw i'n gweld. Roeddwn i'n meddwl mai Thomas Charles Williams fasai'r enw'n llawn, chi'n gwybod, neu rywbeth tebyg."

"Mae Thomas Charles yn ddigon, fel mae Myrddin Charles

---

beth fasai wedi digwydd, *what would have happened*
os oes rhaid i chi wybod, *if you must know*

yr enw'n llawn, *the name in full*
neu rywbeth tebyg, *or something similar*
cyfan, *all, the lot*

yn ddigon. A nawr rydw i eisiau eich cyfeiriad er mwyn i fi gael sgrifennu atoch chi. Fe fyddwn ni'n cael parti ar ôl i'r wraig ddod adref, ac fe fydd rhaid i chi ddod i'r parti."

Sgrifennodd Sam ei gyfeiriad ar ddarn o bapur o'i boced a'i roi i'r gŵr . . . y tad nawr.

"Diolch yn fawr, yn fawr iawn," meddai fe, Myrddin Charles, ac ar ôl iddo fe ysgwyd llaw, ysgwyd ac ysgwyd llaw â Sam nes bod llaw a braich Sam yn brifo, roedd Sam yn rhydd i fynd . . .

Fe ganodd e bob cam o'r ffordd adref i Gaerdydd . . . '*Ev'ry va-a-lley, ev'ry va-a-lley* . . .' ac yn y blaen . . .

cyfeiriad, *address*   bob cam, *every step*

6. Y Ferch o Ballymoy

Un siwrnai roedd Sam Tomos yn hoff iawn ohoni oedd y siwrnai dros y môr i Iwerddon. Roedd e'n mynd â'r fen fawr yno ar un o longau B & I o Ddoc Penfro i Gorc dair gwaith neu fwy bob blwyddyn. Ar ôl teithio felly am rai blynyddoedd, roedd rhai o swyddogion y llong yn ei adnabod e'n dda. Roedd y fordaith o Ddoc Penfro i Gorc yn cymryd tua naw awr, ac felly, roedd Sam yn cael cyfle da i fynd o gwmpas y llong, i siarad â phobl, ac wrth gwrs, roedd e'n cael digon o gyfle i gysgu neu orffwys. Dros nos roedd e'n mynd gan amlaf. Roedd Cwmni Cludiant Saff yn talu ei gostau teithio i gyd; roedden nhw'n rhoi arian iddo fe i dalu am gabin ar y llong, ond roedd yn well gan Sam gysgu neu orffwys yn un o'r

Iwerddon, *Ireland*
teithio, *to travel*
am rai blynyddoedd, *for some years*
swyddog/ion, *officer/s*
mordaith, *voyage*

cyfle, *opportunity*
gorffwys, *to rest*
gan amlaf, *mostly*
roedd yn well gan Sam, *Sam preferred*

cadeiriau mawr ar yr ail ddec, ac roedd yr arian am y cabin yn mynd i mewn i'w boced.

O Gorc roedd rhaid i Sam deithio tua hanner can milltir i dref fach o'r enw Ballymoy, tref fach roedd Sam yn hoff ohoni gyda'i strydoedd cul, a'r traffig yn mynd rywsut-rywsut drwyddyn nhw, mor wahanol i'r traffig yng Nghaerdydd. Bob tro roedd Sam yn mynd yno, roedd e'n aros mewn gwesty bach tawel, ac roedd pobl y gwesty yn ei adnabod e'n dda erbyn hyn. Roedd hi'n amlwg bod un o'r merched yn y gwesty'n fwy na hoff o'i weld e bob tro roedd e'n dangos ei drwyn yno. Merch brydferth iawn oedd hi gyda gwallt cyrliog mor ddu â'r frân, llygaid oedd yn llawn chwerthin a sbort, a bochau a gwrid rhosynnau arnyn nhw, a gwefusau llawn oedd yn gofyn am gael eu cusanu. Roedd Sam wedi cael mwy nag un gusan fach slei ganddi hi. Athrawes hanes oedd hi yn un o ysgolion y dref, ac roedd hanes ei gwlad i gyd ganddi hi ar bennau ei bysedd. Roedd *Escort* bach ganddi hi i fynd yn ôl ac ymlaen i'r ysgol . . . ac i fynd am dro allan i'r wlad brydferth oedd o amgylch y dref pan oedd hi eisiau.

Lle braf oedd bar y gwesty yn y nos. Roedd e'n llawn bob nos o bobl y dref ac o bobl o'r pentrefi bach yn y wlad. Yno, roedd canu a dawnsio a chwerthin, a Sam wrth ei fodd yn gwrando ac yn gweld, ac yn aml iawn, roedd rhaid iddo fe ganu ei hunan, ac roedd e wrth ei fodd yn gwneud. Fel y cofiwch, roedd llais da iawn gan Sam, llais tenor hyfryd, ac roedd pawb wrth eu bodd yn gwrando arno fe'n canu caneuon Cymraeg, hen ganeuon fel 'Mentra Gwen', 'Wyt ti'n cofio'r lloer yn codi?' 'Yr hen gerddor' ac 'Arafa, don'. A'r ferch Sinead yn meddwl mai iddi hi yn unig roedd Sam yn canu, ac roedd y

rywsut-rywsut, *any-old-how*
mor wahanol i, *so different from*
bob tro, *every time*
gwesty, *hotel*
prydferth, *beautiful, pretty*
brân, *crow*
gwrid, *blush*
yn gofyn am gael eu cusanu, *asking to be kissed (see Notes for all sentences containing 'cael' 'passive voice')*

ar bennau ei bysedd, *at her finger tips*
a Sam wrth ei fodd, *and Sam in his element*
caneuon, *songs*
mai iddi hi yn unig roedd Sam yn canu, *that for her alone Sam sang (see Notes for all sentences containing 'mai' clauses)*

gwrid yn codi dros ei bochau, a'i llygaid yn dawnsio gan lawenydd.

Roedd Sam yn Ballymoy yr haf diwethaf, a honno oedd ei daith olaf yno, er ei fod e ddim yn gwybod hynny ar y pryd. Llwyth o ddesgiau a phethau i ysgolion oedd ganddo fe'n mynd yno, ac roedd rhaid iddo fe ddod â llwyth o ddilladau gwlân, oedd yn cael eu gwneud mewn ffatri yn Ballymoy, yn ôl gyda fe.

Fe aeth Sam dros nos ar y llong o Ddoc Penfro i Gorc a chyrraedd Corc am naw o'r gloch y bore. Fe aeth e'n syth ymlaen wedyn i Ballymoy a'i galon yn curo wrth feddwl basai fe'n gweld Sinead cyn bo hir. Erbyn canol dydd roedd e wedi dadlwytho'r fen, a mynd â hi wedyn i'r ffatri wlân er mwyn iddi hi gael ei llwytho'n barod erbyn y bore. Roedd y dydd yn rhydd wedyn i fynd lle roedd e'n dewis.

Does dim rhaid gofyn i ble aeth Sam ar ôl iddo fe ddadlwytho'r fen. Yn syth i'r gwesty lle roedd e'n siŵr o weld Sinead. Bob tro roedd e'n mynd yno nawr, roedd e'n edrych ymlaen fwy a mwy am ei gweld hi. Roedd arno fe ofn ei fod e'n syrthio mewn cariad â hi . . . ie, ofn. Mae'n beth od i'w ddweud . . . ofn syrthio mewn cariad, ond dyna oedd y gwir. Pe basai fe'n syrthio mewn cariad, fe fasai rhaid iddo fe briodi rywbryd, a doedd e ddim eisiau priodi. Wrth briodi, fe fasai fe'n colli ei ryddid, rhyddid i fynd lle roedd e'n dewis, i fynd o gwmpas yr eisteddfodau, i weld criced a rygbi'n cael eu chwarae. A dyna'i waith wedyn. Roedd e i ffwrdd oddi cartref mor aml, a phe basai fe'n priodi, fasai hynny ddim yn deg ar ei wraig. Fe fasai hi'n unig, yn gorfod byw ar ei phen ei hun am

---

rhydd, *free*
ar y pryd, *at the time*
dillad gwlân, *woollen goods (clothes)*
basai fe'n gweld Sinead, *(that) he*
    would see Sinead (see Notes for all
    sentences containing 'conditional
    forms')
cyn bo hir, *before long*
erbyn canol dydd, *by midday*
dadlwytho, *to unload*

erbyn y bore, *by the morning*
dewis, *to choose*
bob tro, *every time*
priodi, *to get married, to marry*
rhywbryd, *sometime*
oddi cartref, *away from home*
pe, *if (see Notes)*
teg, *fair*
fe fasai hi'n unig, *she would be lonely*
yn gorfod byw, *having to live*

93

ddyddiau lawer ar y tro. Ond ar yr un pryd, roedd ei chusanau hi'n felys iawn, ac ar ei siwrneiau hir o gwmpas y wlad, roedd Sam yn cofio'r cusanau hynny.

Roedd e'n siŵr yn ei feddwl, pe basai fe'n gofyn iddi hi ei briodi fe, fe fasai hi'n fodlon dod i fyw i Gymru yn wraig i yrrwr men fawr. Efallai basai hi'n cael gwaith fel athrawes yng Nghaerdydd, a fasai hi ddim mor unig wedyn pan oedd e oddi cartref. A rhyw bictiwr hyfryd ohoni hi a'i gwallt cyrliog, ei llygaid tywyll yn llawn chwerthin, a'r gwrid ar ei bochau oedd yn llanw ei feddwl fel roedd e'n cerdded at y gwesty, ar ôl gadael y fen yn y ffatri wlân i gael ei llwytho.

Chafodd Sam mo'i siomi. Y person cyntaf welodd e pan aeth e i mewn i'r gwesty oedd Sinead ei hunan. A'r croeso gafodd e! Chafodd e ddim croeso mor gynnes â hwn erioed o'r blaen.

"Sam!" meddai hi, a rhedeg ato fe. "O, rydw i'n falch eich gweld," a dyma hi'n rhoi cusan iddo fe ar ei wefusau nes ei fod e'n crynu o'i ben i'w draed, a nes ei fod e'n ymladd am ei wynt fel dyn yn dod i fyny o waelod y môr.

Saesneg roedd hi'n siarad â Sam, ond roedd y croeso mor gynnes yn Saesneg ag y basai yn Gymraeg, neu unrhyw iaith arall.

Roedd pen Sam yn troi fel top, a doedd e ddim yn gwybod beth i'w ddweud na beth i'w wneud. Doedd e ddim erioed wedi cael ei groesawu mor gynnes â hyn, ac roedd e'n ceisio meddwl pam roedd hi wedi ei groesawu fel hyn. Efallai bod tywydd braf yr haf yn ei gwneud hi'n fwy hapus na'r arfer, er ei bod hi'n ddigon llon a hapus bob amser. Fe fasai'n amhosibl meddwl amdani hi fel merch drist. O'r diwedd, meddai Sam, a gwrid ar ei wyneb,—

ar y tro, *at a time*	o waelod y môr, *from the bottom of the sea*
melys, *sweet*	
hyfryd, *pleasant*	mor gynnes â hyn, *so warmly as this*
croeso, *welcome*	croesawu, *to welcome*
ffatri wlân, *wool factory*	na'r arfer, *than usual*
rydw i'n falch, *I'm glad*	gwrid, *blush*
ymladd am ei wynt, *fighting for his breath*	

"Sin! (Roedd e'n ei chael hi'n anodd iawn ddweud ei henw 'Sinead' yn iawn, ac felly, 'Sin' roedd e'n ei galw hi bob amser). Sin, rydw i'n falch iawn eich gweld chi hefyd. Rydych chi . . . rydych chi'n edrych yn fwy prydferth . . . ydych, wir . . . yn fwy prydferth nag erioed."

Tro Sinead oedd gwrido nawr. Digon araf oedd Sam i ddweud pethau 'neis' am neb, fel roedd hi'n gwybod yn iawn.

"O, Sam," meddai hi, a rhoi cusan arall iddo fe. "Rydych chi'n aros dros nos, wrth gwrs."

"Ydw, siŵr."

"O, ardderchog. Rydw i'n rhydd i fynd lle rydyn ni'n dewis achos mae gwyliau'r ysgol wedi dechrau. Rydw i'n rhydd am fis. Beth am bicnic y prynhawn yma, neu fynd am dro yn yr *Escort*? Neu fynd i ben y bryniau?"

"Mynd am dro yn y car, Sin."

"Ardderchog! Ac fe wn i ble i fynd. Ydych chi wedi bod yn Bantry Bay erioed?"

"Naddo, ddim erioed. Mae e'n lle prydferth iawn. Felly rydw i'n clywed."

"Prydferth, Sam? Mae e'n un o'r lleoedd mwya prydferth yn y byd. Fe awn ni'n syth ar ôl i chi gael tamaid o fwyd. Mae'n siŵr bod eisiau bwyd arnoch chi . . . Dewch, fe gawn ni fwyd nawr." A dyma hi'n gweiddi wedyn, "Mam! Dad! Dyma Sam wedi cyrraedd . . . Sam o Gymru. Mae e'n aros dros nos, ac rydyn ni'n mynd am dro yn y car i Bantry Bay y prynhawn yma."

Fe ddaeth ei thad o rywle, dyn canol-oed, tal, cryf yr olwg.

"Croeso, Sam," meddai fe. "Ydych chi wedi cael bwyd?"

"Naddo, ddim eto . . . wel, dim ar ôl brecwast ar y llong y bore yma," atebodd Sam. "Fe faswn i'n falch o damaid nawr, Mr. O'Haig."

"Wel, dewch ymlaen i'r stafell fwyta. Mae'n siŵr bod tamaid i'w gael yno," meddai Mr. O'Haig . . .

Roedd e'n ei chael hi'n anodd iawn,
He found (was finding) it very difficult

Fe awn ni, *We'll go*
fe gawn ni, *we'll have*
dyn canol-oed, *middle-aged man*

Ar ôl iddyn nhw gael 'tamaid o fwyd', fe gychwynnodd Sam a Sinead am Bantry Bay. Mor braf oedd hi allan yn y wlad, y caeau bach ar ochr y ffordd yn las a'r haul yn gwenu uwchben. Doedd dim llawer o draffig, a doedd neb yn rhuthro o gwmpas fel pethau gwyllt fel maen nhw ar y traffyrdd yn ne Cymru ac yn Lloegr. Ac yn ddigon siŵr, doedd yr *Escort* ddim yn rhuthro. Mynd yn araf roedd Sinead—hi oedd yn gyrru—gan sôn am y pentrefi bach ar y ffordd, pentrefi ag enwau digri arnyn nhw . . . wel, digri i Sam, a llawer ohonyn nhw'n dechrau gyda 'Bally-', fel Ballymoy ei hunan.

Cyrraedd Bantry Bay a Sam yn gweld y lle am y tro cyntaf yn ei fywyd. Stopio ac edrych a'i geg ar agor fel pe basai fe'n llyncu'r prydferthwch; y môr yn las fel yr awyr uwchben, yr adar môr yn hedfan yn ysgafn ac yna'n disgyn yn sydyn ar y tonnau, y cychod hwyliau yn symud gyda'r gwynt gan adael cynffon wen ar wyneb y dŵr, ac allan ymhell roedd bad modur a'i injan fach yn 'ffwt-ffwtian' gan dynnu sgïwr ar ei ôl.

"Wel, Sam, ydych chi'n hoffi'r lle?" gofynnodd Sinead.

"Hoffi? Mae e mor . . . mor brydferth . . . mor hyfryd. Fe ddywetsoch chi'r gwir, Sin. Dyma'r lle mwya prydferth yn y byd . . . y tu allan i Gymru, wrth gwrs," meddai Sam a gwên ar ei wyneb. "Ond mae'r prydferthwch yma'n wahanol, yn wahanol i brydferthwch Bro Gŵyr a'r hen Sir Benfro yn ne Cymru."

Chwerthodd Sinead.

Edrychodd Sam arni hi.

"Pam rydych chi'n chwerthin, Sin?"

"Does dim un lle mor brydferth â'ch gwlad eich hunan, oes e, Sam? Fe hoffwn i fynd i Gymru rywbryd. Cyn bo hir, Sam?"

"Siŵr iawn."

"Wel, dewch nawr," meddai Sinead. "Parcio'r car, ac wedyn fe awn ni am dro o gwmpas y lle."

---

gan sôn am y pentrefi bach, *talking about the little villages*
digri, *funny, comical*
y tro cyntaf, *the first time*
llyncu, *to swallow*

prydferthwch, *beauty*
cychod hwyliau, *sailing boats*
cynffon wen, *white tail*
â'ch gwlad eich hun, *as your own country*

A mynd am dro wnaethon nhw. Cyn iddyn nhw fynd ymhell, roedd Sinead wedi cydio yn llaw Sam, ac felly aethon nhw ymlaen, law yn llaw, a Sam yn teimlo ei fod e yn ei seithfed nef. Roedd ei llaw hi'n gynnes ac yn fach yn ei law fawr e, llaw fawr fel rhaw. Fe hoffai wasgu'r llaw fach, gynnes ond roedd arno fe ofn; roedd e'n siŵr basai fe'n torri'r bysedd bach gwyn pe basai fe'n gwneud. A dweud y gwir, roedd cerdded law yn llaw gyda merch fel hyn yn rhywbeth newydd i Sam. Roedd e wedi cael y cyfle i fynd allan gyda llawer o ferched, ond doedd dim llawer o ddiddordeb ganddo fe ynddyn nhw; roedd yn well ganddo fe ei fen fawr a'i biano . . . a'i ganu, wrth gwrs. Ond roedd y ferch yma, Sinead, yn wahanol, yn wahanol i bob un ferch welodd e erioed o'r blaen; roedd hi mor brydferth, mor . . . agos.

"Ydych chi'n gweld y bryn bach acw, Sam?" gofynnodd Sinead.

"Ydw, ydw," atebodd Sam.

"Rydyn ni'n mynd i gerdded i ben y bryn. Mae'r olygfa'n hyfryd o'r fan yma, ond o ben y bryn . . . wel, does dim geiriau gen i i ddisgrifio'r olygfa . . . nag oes, wir."

Ac wedi iddyn nhw gyrraedd pen y bryn, doedd dim geiriau gan Sam chwaith. Safodd a'i geg ar agor . . . wel, fel pe basai fe'n llyncu'r holl brydferthwch. Eisteddodd Sinead ar laswellt cynnes y bryn, a thynnu Sam i eistedd wrth ei hochr, ac felly eisteddon nhw, law yn llaw, am funudau hir yn gwneud dim ond edrych o'u cwmpas a mwynhau yr holl brydferthwch. Pwysodd Sinead ei phen ar ysgwydd Sam, ac yn sydyn dyma hi'n gofyn,—

"Ydych chi mewn cariad â fi, Sam?"

Bu bron i Sam lithro'n ôl i lawr y bryn. Roedd yn sioc iddo fe glywed y fath gwestiwn, a merch yn ei ofyn e hefyd! Ac roedd

---

cydio yn, *to take hold of*
law yn llaw, *hand in hand*
rhaw, *spade*
diddordeb, *interest*
i bob un ferch welodd e erioed o'r blaen, *from every single girl he had ever seen before*

golygfa, *view*
doedd dim geiriau gan Sam chwaith, *Sam had no words either*
disgrifio, *to describe*
yr holl brydferthwch, *all the beauty*
yr holl, *the whole, all*
pwyso, *to lean*

Sam yn gwybod ei fod e mewn picil mawr. Ond beth allai fe'i
ddweud? Roedd ei llaw fach, wen yn ei law e, ei gwallt cyrliog
yn pwyso ar ei ysgwydd, a'r persawr oedd arni hi yn cosi ei
drwyn. Ac roedd hi'n eistedd mor agos ato fe . . . mor glòs . . .
mor dynn. Yn wir, beth allai fe'i ddweud ond,—

    "Ydw, Sin . . . Ydw . . . dros fy mhen a 'nghlustiau."

    "O, Sam," meddai hi a gwasgu ei law fawr e'n dynn. Rhwb-
iodd ei boch yn ei ysgwydd, ac yna, codi ei phen. Roedd ei

persawr, *perfume*
cosi, *to tickle*
clòs, *close, near*

beth allai fe'i ddweud, *what could he say*
beth allai Sam ei wneud, *what could Sam do*

98

gwefusau hi'n agos, agos, a beth allai Sam ei wneud ond eu cusanu nhw. A doedd un gusan ddim yn ddigon. Druan ohono fe! Roedd e wedi cael ei ddal nawr yn ddigon siŵr. Ond roedd mwy i ddod, achos, yn sydyn eto, dyma hi'n gofyn,—

"Pryd byddwn ni'n priodi, Sam?"

Pŵr dab! Roedd yn amhosibl iddo fe ddianc nawr, hyd yn oed pe basai fe'n dewis. Ac yn wir, doedd e ddim eisiau dianc. Roedd hi'n eistedd yn glòs ac yn dynn wrth ei ochr, ei phersawr hi'n cosi ei drwyn, a'i freichiau amdani. Beth allai fe'i ddweud ond,—

"Eich priodi chi? Wrth gwrs . . . siŵr iawn . . . ond . . . ond . . ."

"Ond beth, Sam?"

"Wel . . . fe fydd rhaid i ni aros am ychydig, Sin."

"Rydw i'n fodlon aros, Sam, ond dim ond am ychydig. Cusan, Sam."

A dyna gusan hir, hir . . . hir . . . rrrr. Roedd rhaid stopio o'r diwedd er mwyn i Sam gael ei wynt yn ôl, ac roedd cric yn ei wddw hefyd. Roedd cwestiwn ym meddwl Sam hefyd, cwestiwn oedd wedi ei daro fe'n sydyn. Doedd e ddim yn mynd i'r capel; doedd e ddim wedi bod y tu mewn i gapel am flynyddoedd.

"Sin," meddai fe ar ôl iddo fe ysgwyd ei ben a'i wddw am dipyn er mwyn symud y cric.

"Ie, Sam?"

"Ydych chi . . . ydych chi'n mynd i'r capel?"

"Capel? Capel? Nag ydw, wrth gwrs. Capel yn wir! Beth rydych chi'n feddwl ydw i? Baptist neu Fethodist neu rywbeth fel yna? Na, dim perygl. Dydw i ddim yn mynd i gapel."

"Dyna fe, te. Popeth yn iawn. Dydw i ddim yn mynd i'r capel chwaith, ac felly, fe allwn ni briodi yn y Swyddfa Gofrestru."

"Yn y Swyddfa Gofrestru?" meddai Sinead yn syn. "O, na, allwn ni ddim priodi mewn unrhyw Swyddfa Gofrestru . . . nac mewn unrhyw gapel . . . achos rydw i'n mynd i'r Eglwys . . . yr Eglwys Gatholig!"

Catholig! Wel, myn brain a diawcs a jiw-jiw! Doedd Sam

hyd yn oed pe basai fe'n dewis, *even if he chose (were to choose)*
dewis, *to choose*
ychydig, *a little, a few*
fe allwn ni briodi, *we can get married*

Swyddfa Gofrestru, *Registry Office*
allwn ni ddim, *we cannot*
yr Eglwys Gatholig, *the Catholic Church*

100

ddim wedi meddwl am foment mai Catholiges oedd Sinead. Roedd e'n gweld nawr basai pethau'n anodd iawn. "Beth fydd Mam yn ei ddweud? Fe fydd hi'n chwythu fel draig a'r asthma arni hi. Does dim ots gen i beth ydy Sin. Fe all hi fod yn Faptist, dim ond i fi beidio â mynd i'r dŵr gyda hi, neu Fethodist neu Bentecostal neu un o'r merched 'Haleliwia', ond beth fydd Mam yn ei ddweud?"

"Beth sy'n bod, Sam? Rydych chi'n dawel iawn. Oes ofn arnoch chi? Ofn priodi Catholiges?" gofynnodd Sinead wrth weld Sam mor dawel. Roedd yn amlwg iddi hi fod rhywbeth yn mynd ymlaen ym meddwl Sam, ac roedd syniad ganddi hi beth oedd e.

"Ofn? Jiw-jiw, nag oes."

"Dyna fe, te. Fe fyddwn ni'n priodi yma yn Ballymoy. Fydd hynny ddim yn anodd o gwbl, a fydd dim rhaid i chi fod yn Gatholig hefyd. Ond wrth gwrs, fe fydd rhaid i'r plant fynd i'r Eglwys ac i'r Ysgol Gatholig. Ac rydw i'n credu mewn cael llawer o blant . . . llond tŷ o blant, Sam."

Plant? Plant? Doedd meddwl Sam ddim wedi rhedeg mor bell ymlaen â hynny; roedd meddwl am briodi yn ddigon am y tro. Fe aeth e'n oer drosto i gyd. Roedd e'n ei weld ei hunan a hanner dwsin o blant yn sgrechian ac yn gweiddi o gwmpas y lle . . . hanner dwsin o blant dan ei draed ymhob man . . . "Ddoe . . . ddoe . . . roeddwn i'n ddyn rhydd yn gallu mynd lle roeddwn i'n dewis . . . i'r eisteddfodau, i weld y criced a'r rygbi . . . ond nawr, dyma fi a hanner dwsin o blant yn mynd â f'amser i gyd . . . yn gwthio pram ar ôl pram! Arswyd! Pwy fasai'n meddwl! Mae pethau od iawn yn gallu digwydd mewn llai na diwrnod. Ffarwel, ryddid!" Fe ddechreuodd Sam grynu drwyddo i gyd, a daeth cân i'w feddwl . . . *'Farewell, happiness'* . . .

"Popeth yn iawn, Sam? Fe fydd hi'n neis i gael llond tŷ o blant. Rydw i'n edrych ymlaen. Ydych chi, Sam? Ond rydych

dim ond i fi beidio â mynd, *as long as I don't have to go (only for me not to go)*	credu, *to believe*
	llond tŷ, *a houseful*
fe all hi fod, *she can be*	am y tro, *for the time being*

chi'n crynu, ac mae eich dwylo chi'n oer, Sam. Y glaswellt yma . . . mae e'n oer nawr, ac mae cwmwl dros yr haul. Dewch i gael bwyd i lawr yn y caffe ar lan y môr."

Cwmwl dros yr haul? Yn ddigon siŵr roedd Sam yn teimlo bod ei haul e dan gwmwl . . . Llond tŷ o blant? Arswyd y byd!

Cododd Sam oddi ar y glaswellt a rhoi help i Sinead godi, ac i lawr â nhw i'r caffe ar lan y môr, law yn llaw eto, ond nawr roedd llaw y dyn yn oer a llaw y ferch yn gynnes . . . gynnes . . . O, mor gynnes. . . .

Wrth y bwrdd bwyd yn y caffe wedyn roedd llawer iawn o siarad . . . o siarad . . . a siarad. Ond Sinead oedd yn gwneud y siarad i gyd. Doedd dim gobaith i Sam gael gair i mewn, a beth bynnag, doedd dim ganddo fe i'w ddweud. Roedd e fel dyn mewn breuddwyd, neu fel dyn oedd wedi cael ei daro ar ei ben â rhaw. Ond roedd rhai o eiriau Sinead yn aros yn ei feddwl. Erbyn iddi hi orffen siarad, a galw am ragor o de achos roedd y te yn y tebot wedi mynd yn oer, roedd Sam yn deall bod Sinead yn dod i Gymru yn y bore gyda fe yn y fen i weld ei dad a'i fam, a hefyd eu bod nhw (fe a Sinead, nid tad a mam Sam— roedden nhw'n briod yn barod . . . gobeithio!) yn mynd i briodi ar ddiwedd y mis.

"Popeth yn iawn, Sam?" gofynnodd Sinead wrth orffen siarad, ac ar ôl iddi hi yfed yr ail lond tebot o de. Roedd hi eisiau'r ail debot ar ôl siarad mor hir . . . mor hir . . . Doedd Sam, druan, ddim yn gallu llyncu dim; roedd lwmpyn mawr fel carreg yn ei wddw, a lwmpyn o rew rownd ei galon.

"Adref nawr, Sam, i roi'r newydd da i Dad a Mam," meddai hi wedyn, heb aros am ateb oddi wrth Sam. "O, fe fyddan nhw'n falch. Maen nhw'n meddwl y byd ohonoch chi, Sam."

Ac yn wir, roedd tad a mam Sinead yn falch o glywed y 'newyddion da o lawenydd mawr'. Roedden nhw wrth eu

---

cwmwl, *cloud*
a beth bynnag, *and in any case (and whatever)*

erbyn iddi hi orffen siarad, *by the time she had finished talking*
yr ail lond tebot, *the second teapotful*
lwmpyn o rew, *a lump of ice*

bodd fod eu merch yn mynd i briodi dyn ifanc, cryf a gonest, a bod gwaith da ganddo fe yn gyrru'r fen, a'i fod e ddim yn yfed gormod o stowt fel dynion ifanc y dref. Roedden nhw'n deall basai rhaid i Sinead fynd i fyw i Gymru. Ond wrth gwrs, roedd Sam yn dod â llwyth i Ballymoy dair gwaith neu fwy bob blwyddyn, "ac fe fydd Sinead yn dod gyda chi bob tro, Sam . . . a'r plant hefyd, Sam, pan ddôn nhw . . . Mae eglwys yng Nghaerdydd, Sam?"

"Wrth gwrs. Nid paganiaid ydyn ni'r Cymry."

"Fe fydd yn braf cael y plant yma yn yr haf . . . pan ddôn nhw . . . Fe fyddan nhw'n dod yma bob gwyliau haf, Sam?"

"Byddan, byddan."

"Ac fe fydd croeso yma i'ch tad a'ch mam, Sam."

"Bydd, rydw i'n siŵr."

"Fyddan nhw'n cael sioc o weld Sinead yfory?"

"Fe . . . fe fyddan nhw wrth eu bodd."

Ac felly ymlaen . . . ac ymlaen . . . Mr. a Mrs. O'Haig ("Fy nhad a fy mam-yng-nghyfraith? Arswyd!" meddyliodd Sam.) yn gofyn y cwestiynau, a Sam yn gorfod ateb. Erbyn iddyn nhw orffen, roedden nhw wedi cael holl hanes Sam o ddydd ei eni at y dydd braf hwnnw o haf (hynny roedd Sam yn ei gofio, wrth gwrs), faint oedd ganddo fe yn y banc, faint roedd e'n ennill bob wythnos. Ac wrth gwrs, fe fasai fe'n cael tŷ i Sinead mor fuan ag oedd yn bosibl . . . doedd hi ddim yn iawn iddi hi orfod byw gyda'i mam-yng-nghyfraith, er eu bod nhw'n siŵr mai gwraig garedig iawn oedd mam Sam. Doedd dim doedden nhw ddim yn gwybod am Sam a'r teulu Thomas erbyn iddyn nhw orffen. Mor falch oedd Sam pan ddywedodd Sinead fod rhaid iddi hi fynd i'r Swyddfa Dwristiaeth i godi tocyn i fynd ar y llong gyda Sam yn y bore.

"Hoffech chi ddod gyda fi, Sam, cariad?"

Hoffai fe? Roedd e ar ei draed yn fwy cyflym na Jac-yn-y-

gormod, *too much*
pan ddôn nhw, *when they come*
tad-yng-nghyfraith, *father-in-law*
erbyn iddyn nhw orffen, *by the time they had finished*
doedd hi ddim yn iawn, *it wasn't right*

faint, *how much*
iddi hi orfod byw, *for her to have to live*
twristiaeth, *tourism*
tocyn, *ticket*

bocs. Yn fwy na dim roedd e eisiau mynd i'r awyr iach y tu allan.

Od iawn, pan gyrhaeddon nhw'r Swyddfa Dwristiaeth, roedd Sinead wedi dod heb ei bag llaw, achos ei bod hi'n meddwl bod ei phwrs arian ganddi hi yn ei phoced. Ond yn y bag llaw roedd y pwrs, roedd yn ddrwg iawn ganddi hi. Sam dalodd am y tocyn, a meddwl yr un pryd, "Dyma ddechrau'r talu. Fe fydda i'n talu nawr yn oes oesoedd . . . Amen."

Roedd rhaid i Sam a Sinead gychwyn o Ballymoy yn gynnar iawn y bore wedyn achos roedd y llong yn gadael Corc am Ddoc Penfro am chwech o'r gloch. Ond cynnar iawn neu beidio roedd pawb ar eu traed i weld Sinead yn cychwyn am ei gwlad newydd. Ac O! y cusanu a'r dagrau! Fe wylodd Mrs. O'Haig ddigon o ddagrau i olchi llawr y gwesty i gyd, ac roedd Mr.O'Haig yn chwythu ei drwyn fel corn llong yn y niwl. Ond o'r diwedd roedd Sam a Sinead (a'i chês dillad) yn eistedd yn gysurus yng nghaban y fen, a hi (y fen, wrth gwrs) wedi cael ei llwytho'n barod yn y ffatri wlân lle roedd hi wedi cael ei pharcio dros nos. Ac ar hyd y ffordd i Gorc doedd dim stop ar siarad Sinead. Cyn iddyn nhw gyrraedd Corc, roedd hi wedi dodrefnu'r tŷ basen nhw'n ei brynu—*semi-detached,* wrth gwrs—o'r seler i'r atig, wedi dewis y llenni ar y ffenestri a'r carpedi ar bob llawr, a hyd yn oed ddewis yr enwau ar chwech o blant, tri bachgen a thair merch.

"Fe fyddwch chi'n fodlon ar chwech, Sam?" Dyna'i geiriau hi, a Sam, druan, yn gweld dwbwl wrth geisio cadw ei lygaid ar y ffordd o'i flaen. "Dwbwl chwech, dyna ddwsin," meddyliodd Sam, ac wrth Sinead, "Fe fydda i'n fodlon ar chwech . . . yn fwy na bodlon, a dweud y gwir."

Roedd yn dda ganddo fe gyrraedd y cei yng Nghorc, ac wrth lwc, doedd dim llawer o geir a lorïau'n aros i fynd ar y llong, a

roedd yn ddrwg iawn ganddi hi, *she was very sorry*
cynnar iawn neu beidio, *very early or not*
wylo, *to weep*
niwl, *fog, mist*
ar hyd y ffordd, *all along the way*
dodrefnu, *to furnish*
llenni, *curtains*
bodlon ar chwech, *satisfied with six*
Roedd yn dda ganddo, *He was glad*
cei, *quay*

chafodd e ddim llawer o drwbwl i fynd drwy'r doll. Roedd y swyddog oedd yn digwydd bod yno ar y pryd yn adnabod Sam yn ddigon da. Mae swyddogion y doll yn gallu darllen wynebau'n dda iawn, ac yn gallu adnabod y rhai sy'n onest, a'r rhai sy ddim, yn syth. Roedd wyneb gonest gan Sam.

Ond roedd plismon—un o'r *Gardai*—yn sefyll wrth ochr y swyddog, ac fe edrychodd e'n amheus iawn ar Sinead. Fel mater o ffaith, maen nhw, y *Gardai,* yn edrych yn amheus ar bawb, achos mae pob math o bobl, rhai da a rhai drwg, yn ceisio croesi o Iwerddon i Brydain.

"Helo, miss," meddai'r plismon, "i ble rydych chi'n mynd?"

"I Gymru. I Gaerdydd, fel mater o ffaith."

"Beth sy yn y cês yna?" gofynnodd y plismon wedyn gan bwyntio at y cês oedd ar y sedd wrth ochr Sinead.

"Dillad, wrth gwrs. Hoffech chi weld beth sy gen i ynddo fe, y teits a'r nicars ac ati? Maen nhw'n rhai pert iawn."

"Smala, e? Beth ydy'ch busnes chi yng Nghaerdydd?"

"Priodi!"

"Priodi? O!" Ac 'O' hir iawn oedd hon. "Pwy ydy'r dyn . . . y . . . y . . . lwcus?"

"Fi," meddai Sam, ond doedd e ddim yn swnio fel dyn 'lwcus' o gwbl.

"Ydych chi . . . ydych chi'n siŵr? Dydych chi ddim yn swnio fel dyn sy'n mynd i briodi," meddai'r plismon yn amheus iawn.

"Wedi . . . wedi blino, chi'n gwybod."

"Caru gormod, siŵr o fod," meddai'r plismon a gwên ar ei wyneb.

"Efallai," atebodd Sam a cheisio gwenu hefyd.

"Rydw i'n deall," meddai'r plismon. "I ffwrdd â chi."

Ac i ffwrdd â nhw, a Sam yn gyrru'r fen i lawr o dan y dec.

Roedd hi'n fordaith fach ddigon hapus wedyn, a'r ddau gariad yn cerdded law yn llaw ar y dec uchaf. Roedd y tywydd yn gynnes, braf, er ei bod hi'n gynnar yn y bore, a'r môr yn dawel

---

toll, *custom (and excise)*
oedd yn digwydd bod yno, *who happened to be there*

amheus, *doubtful, suspicious*
swnio, *to sound*
y dec uchaf, *the upper deck*

105

fel pe basai'n cysgu. Pwyso wedyn ar reil y llong ac edrych ar y môr glas o danyn nhw. Ac fel roedden nhw'n pwyso felly, fe gofiodd Sam un peth pwysig iawn. Doedd ei fam ddim yn gwybod bod Sinead yn dod i aros gyda nhw yn eu cartref yng Nghaerdydd. Roedd rhaid rhoi'r newydd iddi hi.

"Sin," meddai fe, a meddwl yr un pryd, "Sin? 'Pechod' ydy 'sin' yn Gymraeg." Ac yna, "Sin, rhaid i ni ffonio o Ddoc Penfro i ddweud wrth Mam eich bod chi'n dod i aros, neu fe fydd hi'n siŵr o gael ffit."

"O, rhaid. Rhaid i ni ffonio. Rydw i'n edrych ymlaen at gwrdd â'ch mam . . . a'ch tad hefyd. Fe faswn i'n dweud eu bod nhw'n bobl annwyl . . . os ydyn nhw'n debyg i chi, Sam."

"Un annwyl iawn ydy Mam," atebodd Sam, a meddwl, "Tybed fydd hi yr un mor annwyl pan fydd hi'n fam-gu i lond tŷ o blant."

"Beth am damaid o fwyd nawr, Sam? Mae fy stumog i'n wag ar ôl y brecwast cynnar, cynnar," meddai Sinead. A mynd i chwilio am fwyd wnaethon nhw.

Glaniodd y llong yn Noc Penfro ar ôl mordaith dawel iawn. Ond fel roedd y llong yn dod yn agos at y porthladd, fe sylwodd Sam mor nerfus roedd Sinead yn edrych. Fe ddylai ei bod hi'n edrych yn llawen—on'd oedd y ddau'n mynd i briodi ymhen y mis? Efallai mai meddwl am gwrdd â'i dad a'i fam am y tro cyntaf oedd yn ei gwneud hi'n nerfus. Ddylai hi ddim bod felly achos dau o rai caredig iawn oedden nhw. A phan oedd hi a Sam yn eistedd yng nghaban y fen i lawr o dan y dec yn aros eu tro i yrru allan, roedd hi'n edrych yn fwy nerfus fyth. Doedd dim eisiau iddi fod yn nerfus achos roedd ei thocyn ganddi hi ac ati.

"Beth sy'n bod, Sin?" gofynnodd Sam. "Rydych chi'n edrych yn nerfus. Oes ofn fy nhad a mam arnoch chi?"

os ydyn nhw'n debyg i chi, *if they are like you*
yr un mor annwyl, *just as dear (the same so dear)*
porthladd, *port*
Fe ddylai ei bod hi, *She ought to be*

ymhen y mis, *at the end of the month, in a month's time*
Ddylai hi ddim bod felly, *She ought not to be like that*
yn fwy nerfus fyth, *more nervous than ever*

"Nerfus? Ydw i? Wel, mae rhaid i fi beidio ag edrych yn ner-fus," atebodd Sinead, a dyma hi'n newid ar unwaith, a gwenu'n braf.

"Ond mae ofn yn ei llygaid hi o hyd," meddyliodd Sam.

Fe ddaeth eu tro i yrru allan o'r llong. Aros wrth y doll a Sam yn dangos ei bapurau i'r swyddog. Roedd plismon yn sef-yll heb fod ymhell i ffwrdd. Roedd llygaid Sinead arno fe.

"Chi eto, Sam?" meddai'r swyddog. "Beth ydy'r llwyth y tro hwn?"

"Dilladau gwlân ac ati," atebodd Sam.

"O'r gorau, Sam. Rydw i'n eich adnabod chi'n ddigon da. Ond pwy ydy'r ferch ifanc sy gyda chi? Rydw i'n gweld bod cês ganddi hi ar y sedd yna. Beth sy yn y cês, miss?"

"Dim ond fy nillad," atebodd Sinead. "Rydw i'n mynd i aros gyda Sam am ychydig."

"Ydy," meddai Sam wrth y swyddog. "Rydyn ni'n mynd i briodi ymhen y mis."

"Ydych chi, Sam? Wel, pob lwc. I ffwrdd â chi!"

Dewisodd Sam y gêr, ond cyn iddo fe symud ymlaen, fe ddaeth y plismon atyn nhw.

"Dydych chi ddim yn chwilio'r fen," meddai fe wrth y swy-ddog.

"Does dim eisiau," atebodd y swyddog. "Rydyn ni'n adnabod Sam yn ddigon da. Mae e'n dod drwodd yn aml, ac fe fyddwn ni'n disgyn arno fe nawr ac yn y man ac yn chwilio drwy'r fen. Chawson ni ddim byd o'i le hyd yn hyn."

"Beth am y ferch? Ydy hi gyda fe bob tro?" gofynnodd y plismon.

"O, nag ydy. Dyma'r tro cyntaf i fi ei gweld hi. Cariad Sam ydy hi. Maen nhw'n mynd i briodi ymhen y mis, meddai fe."

"Cymraes ydy hi?" gofynnodd y plismon wedyn.

"Nage, nid Cymraes ydw i, ond Gwyddeles," meddai Sin-

---

mae rhaid i fi beidio ag edrych yn nerfus, *I mustn't look nervous*
newid, *to change*
heb fod ymhell i ffwrdd, *not far away (without being far away)*

drwodd, *through*
nawr ac yn y man, *now and then*
chawson ni ddim byd o'i le hyd yn hyn, *we have found nothing wrong (out of place) so far (up to now)*

ead yn ddig. "Ac yn falch o fod yn Wyddeles. Mor falch ag ydych chi o fod yn Gymro, os Cymro ydych chi hefyd."

"Peidiwch â gwylltio," meddai'r plismon. "Mae rhaid i ni gadw'n llygaid ni ar bobl sy'n dod i mewn i'r wlad."

"Ydych chi'n meddwl fy mod i'n cario bom neu rywbeth?" gofynnodd Sinead a'i hwyneb hi'n goch fel tân. Roedd ei thymer hi'n codi.

"Efallai," atebodd y plismon yn ddigon digyffro.

"Peidiwch â siarad yn dwp!" Sam oedd yn siarad nawr. Roedd rhaid iddo fe dorri i mewn. Doedd e ddim yn hoffi'r ffordd amheus roedd y plismon yn edrych ar Sinead. "Fe fyddwch chi'n ei gweld hi'n aml yn y dyfodol, ac nid Gwyddeles fydd hi bryd hynny ond Cymraes, achos rydyn ni'n priodi ymhen y mis. Mae hi'n dod draw nawr i gwrdd â fy nhad a fy mam am y tro cyntaf. Ydy hynny'n ddigon i chi?" Roedd Sam ei hunan yn ddig nawr, a'i dymer yn codi.

"Ydy, ydy, mae hynny'n ddigon," atebodd y plismon yn ddigyffro o hyd. Ond roedd cwestiwn arall ganddo fe i Sinead. "Oes ffrindiau gennych chi yma ym Mhrydain?"

Edrychodd Sinead arno fe a'i llygaid yn fflachio.

"Fe fydd llawer o ffrindiau gen i yn y wlad yma cyn bo hir," meddai hi, "ac rydw i'n siŵr o un peth, fyddwch chi ddim yn un ohonyn nhw."

"Does dim rhaid i chi ddangos eich tymer," meddai'r plismon.

"Tymer, wir!" meddai Sinead a'r fflach yn ei llygaid o hyd.

"Ymlaen â chi," meddai'r plismon a'i wyneb yn fwy coch na'r arfer erbyn hyn; roedd e'n dechrau colli ei dymer.

Gyrrodd Sam ei fen allan o'r doc i'r ffordd fawr, ac er mawr syndod iddo fe, roedd Sinead yn chwerthin yn braf.

"Pam y chwerthin, Sin?" gofynnodd Sam.

"Y plismon yna. Roedd e'n dechrau cochi, on'd oedd e?

tymer, *temper*
dyfodol, *future*
bryd hynny, *then, at that time*
digyffro, *cool, not flustered*
colli ei dymer, *losing his temper*

er mawr syndod iddo fe, *to his great surprise*

Dydy'r plismyn yma ddim yn hoffi gweld merch mewn tymer. A phe baswn i ddim wedi dangos tipyn o dymer, a phe basech chi ddim wedi dangos tipyn o dymer, a phe basech chi ddim wedi dweud ein bod ni'n mynd i briodi, rydw i'n siŵr mai chwilio drwy fy nghês basai fe. Mae'r pethau sy yn y cês yma yn breifat."

"Ydyn, siŵr iawn. Nicars ac ati, Sin," meddai Sam a chwerthin.

Yna, cyn iddyn nhw fynd llawer ymhellach, gofynnodd Sinead,—

"Pryd rydych chi'n mynd i ffonio eich mam, Sam?"

"Mae yna gaban ffonio, os ydw i'n cofio'n iawn, rownd cornel y stryd nesaf."

"Iawn," meddai Sinead.

Stopiodd Sam wrth y stryd nesaf.

"Fydda i ddim pum munud," meddai fe wrth neidio i lawr o'r fen.

Fe ddaeth Sam yn ôl at y fen. Roedd Sinead a'i phen allan trwy'r ffenestr.

"Dewch! Brysiwch!" meddai hi. "Rydych chi wedi bod yn hir iawn."

"O, Mam oedd yn siarad, siarad. Fel yna mae hi pan mae hi ar y ffôn. Does dim stop arni hi," atebodd Sam ac edrych ar Sinead. Roedd golwg bryderus ar ei hwyneb, ac roedd un llaw ar ei chês dillad. "Beth sy'n bod arni?" meddyliodd Sam.

"Wel, brysiwch, te, neu fyddwn ni byth yn cyrraedd Caerdydd."

"O'r gorau," atebodd Sam gan deimlo'n ddig yn sydyn. Taniodd yr injan.

Ond y foment honno, fe ddaeth car yr heddlu heibio a stopio'n syth o flaen y fen. Daeth dau blismon allan o'r car. Roedd Sam yn adnabod un ohonyn nhw. Fe oedd y plismon wrth y doll oedd yn holi Sinead.

preifat, *private*
llawer ymhellach, *much further*
pryderus, *anxious*

heddlu, *police*
holi, *to question*

"Beth mae'r ddau blismon yma ei eisiau?" meddyliodd Sam, ac edrychodd ar Sinead. Roedd golwg bryderus iawn ar ei hwyneb.

Agorodd plismon y doll ddrws y fen, ac meddai fe'n ddigon cwrtais:—

"Rydw i'n eisiau siarad â'r ferch, os gwelwch yn dda."

"Pam?" gofynnodd Sam. "Beth sy'n bod? Fy nghariad i ydy hi, ac rydyn ni'n mynd i briodi'n fuan . . . ymhen y mis, fel mater o ffaith."

"Ie, ie; dyna'ch stori, ond fe hoffwn i wybod beth sy gan y ferch yn y cês dillad yna."

"Dim ond teits a nicars," ac fe geisiodd Sam wenu, "a dillad eraill, wrth gwrs."

"Ydych chi wedi gweld beth sy yn y cês?" gofynnodd y plismon i Sam.

"Nag ydw, wrth gwrs."

"Wel, rydw i'n amheus iawn beth sy ganddi ynddo fe. Pan oeddwn i'n ei holi hi wrth y doll, roedd hi'n dal ei llaw ar y cês, ac roedd rhyw olwg bryderus yn ei llygaid hi. Pe basai hi mor garedig â dangos beth sy ganddi hi yn y cês, fe faswn i'n ddiolchgar iawn," yn gwrtais eto.

"Fy mhethau preifat sy yn y cês. Dyna i gyd," atebodd Sinead.

"Agorwch y cês, os gwelwch yn dda." Yn gwrtais o hyd.

"Na!"

"Rydych chi'n gwrthod?"

"Ydw. Pam mae rhaid i chi edrych yn fy nghês? Fy mhethau preifat sy ynddo fe. Dyna i gyd," a Sam yn meddwl pam roedd hi'n gwrthod.

"Mae'n ddrwg gen i," meddai'r plismon wedyn, "ond rydw i'n ofni bod rhaid i chi ddod gyda fi i swyddfa'r heddlu."

"I swyddfa'r heddlu? Peidiwch â siarad yn dwp," meddai Sam, ond ar yr un pryd, roedd y cwestiwn yn aros yn ei feddwl, pam roedd hi'n gwrthod agor ei chês. Roedd e'n siŵr bod Sinead yn actio'n od iawn. Ond meddai fe, "Dangoswch

cwrtais, *courteous*
gwrthod, *to refuse*

swyddfa'r heddlu, *police station*

110

beth sy yn eich cês, Sin, ac fe allwn ni fynd wedyn. Fe fydd Mam yn ein disgwyl ni."

"O, o'r gorau," meddai Sinead. "Does dim byd ynddo fe, dim ond fy nillad i . . . ac ychydig o arian. Rydw i'n mynd i briodi, cofiwch, ac mae eisiau llawer o arian i briodi y dyddiau yma."

Fe agorodd hi'r cês ac fe gymerodd y plismon y cês oddi arni hi, a dechrau chwilio drwyddo. Y tu mewn i sgert fach bert roedd bwndel o bapurau deg punt, a rhwng dilladau eraill bwndel arall . . . ac un arall . . . ac un arall.

"Mae llawer o arian gennych chi," meddai'r plismon. "Can-

bwndel, *bundle*   papurau deg punt, *ten pound notes*

noedd ar gannoedd o bunnoedd . . . cannoedd ar gannoedd
. . ."

"Mae priodi'n beth costus y dyddiau yma," meddai Sinead.
"Rydw i wedi bod yn safio f'arian ers llawer dydd er mwyn pri-
odi."

Troiodd y plismon at Sam.

"Pryd roeddech chi'n gofyn i'r ferch yma eich priodi chi?"

Edrychodd Sam yn dwp ar y plismon.

"Ofynnais i ddim iddi hi. Hi ddywedodd wrtho i ein bod
ni'n mynd i briodi."

"Cau dy geg," meddai Sinead yn gas yn sydyn.

Edrychodd y plismon o un i'r llall.

"O-ho!" meddai fe, "a phryd dywedodd hi eich bod chi'n
mynd i briodi?"

"Dd . . . ddoe," atebodd Sam, a Sinead yn edrych yn gasach
arno fe nawr.

"Fuoch chi ddim yn hir yn safio'r holl arian yma," meddai'r
plismon wrth Sinead.

"Rydw i wedi bod yn safio ers llawer dydd," atebodd Sin-
ead. "Roeddwn i'n gwybod baswn i'n priodi ryw ddydd."

"Oeddech, siŵr," meddai'r plismon. "Ac roeddech chi'n siŵr
mai gyda rhywun o'r wlad yma basech chi'n priodi, nid rhyw-
un o'ch gwlad eich hunan."

"Sam ydy fy nghariad i."

"A dyna pam mae'r arian yma . . . y cannoedd o bunnoedd
yma . . . yn arian Prydeinig, ac nid arian Gwyddelig."

"Arian Prydeinig?" meddai Sam.

"Ie, arian Prydeinig ydy'r arian yma i gyd," atebodd y plis-
mon. "Papurau deg punt Prydeinig ydy'r rhain i gyd, ac nid
papurau Gwyddelig. Pe basai'r ferch yma'n safio'i harian ei
hunan, arian Gwyddelig fasai ganddi hi. Nid eich arian chi
ydy'r arian yma. Fasech chi byth yn gallu safio cymaint â hyn o
arian, rydw i'n siŵr. Na, rydw i'n meddwl eich bod chi wedi
cael yr arian yma i ryw bwrpas arbennig . . . ("Jiw! Jiw!"

cannoedd o bunnoedd, *hundreds of
pounds*
arian Prydeinig, *British money*

arian Gwyddelig, *Irish money*
cymaint â hyn, *as much as this*
arbennig, *special*

112

meddai Sam wrtho'i hunan.) . . . Nid arian priodas ydy'r arian yma o gwbl. Beth ydy eu pwrpas nhw, a phwy roiodd yr arian i chi?"

"Rydw i wedi dweud wrthoch chi, y plismon twp," atebodd Sinead. "F'arian priodas ydyn nhw."

"Nag ydyn ddim. Rydw i'n ofni bod rhaid i chi ddod gyda fi i swyddfa'r heddlu. Rydw i eisiau gwybod mwy am yr arian yma, ac o ble daeth e. Dewch, os gwelwch chi'n dda. Dydyn ni ddim eisiau trwbwl ar y stryd yma." Ac roedd y plismon yn ddigon cwrtais o hyd.

Estynnodd y plismon arall ei law i gydio yn Sinead yn y fen.

"Hei, peidiwch," gwaeddodd Sam. "Dydy'r ferch ddim wedi gwneud dim drwg."

"Nag ydy, ddim eto," meddai'r plismon yma. "Mae rhaid i ni ei stopio hi, neu fe fydd hi'n gwneud drwg yn rhywle. Faswn i'n dweud mai pwrpas drwg sy i'r arian yma. Rydych chi'n gwybod yn iawn beth sy'n mynd ymlaen yn y wlad yma ar hyn o bryd."

"Ydw, rydw i'n gwybod," meddai Sam. "Ond fasai Sin ddim yn gwneud drwg i neb."

"Mae rhaid i ni fod yn siŵr o hynny," meddai plismon y doll, "a'r ffordd i fod yn siŵr ydy mynd â'r ferch i swyddfa'r heddlu i holi rhagor arni hi. Ac os na fyddwn ni'n cael yr atebion iawn, fe fydd hi'n mynd yn ôl i Iwerddon yn fwy na thebyg . . . a hynny heb briodi."

"Heb briodi?" meddyliodd Sam. A fasai dim hanner dwsin o blant yn sgrechian a gweiddi o dan ei draed wedyn; fasai dim rhaid iddo fe wthio pram ar ôl pram; fe fasai fe'n rhydd unwaith eto i fynd i eisteddfodau ac ati. Roedd ei galon e'n dechrau codi. Ac meddai fe:—

"Gwell i chi fynd yn dawel, Sin. Fe fydd popeth yn iawn yn y diwedd. Mae'n siŵr bod gennych chi ateb i bob un o gwestiynau'r plismyn yma." Ac yna wrth y plismyn, "Fyddwch chi'n ei chadw hi'n hir?"

---

ar hyn o bryd, *at this time, just now*   heb, *without*
yn fwy na thebyg, *more than likely*

"Wel," meddai plismon y doll, "dydy hi ddim wedi dweud y cwbl wrthon ni eto . . ."

"Does gen i ddim rhagor i'w ddweud," torrodd Sinead ar ei draws.

"Wel, felly," meddai'r plismon gan droi at Sam, "rydw i'n ofni fydd eich cariad ddim yn aros yn y wlad yma. A fyddwch chi ddim yn priodi ymhen y mis, ddim yn y wlad yma, beth bynnag."

Edrychodd Sam fel pe basai ei galon yn torri, ond y tu mewn iddo roedd rhyw deimlad bach hyfryd iawn. Fyddai fe ddim yn priodi! Ac meddai fe:—

"Gwell i chi fynd gyda nhw, Sin . . . yn dawel. Fel rydw i wedi dweud, fe fydd popeth yn iawn yn y diwedd." (Yn iawn iddo fe, beth bynnag!)

"O, o'r gorau," meddai Sinead yn drist iawn. "Fe fyddwch chi'n dod eto i Ballymoy, ac fe fyddwn ni'n priodi yno. Cusan, Sam, tan y tro nesaf . . . "

Ac fe aeth hi'n dawel gyda'r plismyn i'w car . . .

Dydy Sam ddim wedi bod yn ôl yn Ballymoy, ond mae e wedi meddwl llawer am Sinead. Oedd hi'n ei garu fe yn wir? Dydy e ddim yn siŵr. Efallai mai tric oedd y cwbl er mwyn cael dod i'r wlad yma, ac efallai basai hi'n dod â llawer mwy o arian i'r wlad, ac i ba bwrpas? Un peth sy'n wir, dydy e ddim wedi cael llythyr na gair oddi wrthi yn Iwerddon. A dyna lle mae hi, achos fe ddywedodd y plismon wrtho fe pan oedd e i lawr yn Noc Penfro un tro. Beth bynnag, mae Sam yn cofio'r cusanau melys . . .

NODIADAU — NOTES

1. Tomatos

'Bydd' and the future tense of 'bod'

The present tense of 'bod' (rydw i, etc.) and the imperfect tense of 'bod' (roeddwn i, etc.) as well as the simple past tense of verbs (fe redais i, welais i ddim, etc.) are usually well known, but learners seem to be less familiar with the future tense of 'bod'. This story 'Tomatos' contains many examples of this future tense, so it is well worth knowing its forms. Here they are:

fe fydda i	—	I shall, I shall be
fe fydd e / h·	—	he / she will. he / she will be
fe fydd y fer: h	—	the girl will, the girl will be
fe fyddwn ni	—	we shall, we shall be
fe fyddwch chi	—	you will, you will be
fe fyddan nhw	—	they will, they will be
fe fydd y merched	—	the girls will, the girls will be

Negative forms:—fydda i ddim, etc. (I shall not, I shall not be, etc.)
Question forms:—fydda i? etc. shall I? shall I be? etc.

Here are sentences from the story that contain these forms:

page

16   Fe fydd hi'n para'n hir iawn.
     It (the strike) will last a very long time.

16   Fe fydd y tomatos . . . yn mynd yn ddrwg.
     The tomatoes . . . will go bad.

17   Efallai bydd y picedwyr yn troi'n gas.
     Perhaps the pickets will turn nasty.

17   Fyddan nhw'n troi'n gas, tybed.
     Will they turn nasty, I wonder.

17   Fyddan nhw'n ceisio f'atal i rhag mynd drwy'r gatiau?
     Will they try to stop me from going through the gates?

20   . . . pan fydd y meistri'n barod.
     . . . when the bosses are (will be) ready.

20   . . . fe fyddwn ni'n barod.
     . . . we shall be ready.

22   Fe fydda i'n Aelod Seneddol ryw ddydd.
     I shall be a Member of Parliament some day.

23   Fe fydda i'n fotio i chi, Jim.
     I shall vote (be voting) for you, Jim.

23   Fe fydd pawb yn eich gweld chi ar y stryd.
     Everyone will see you on the street.

116

23   . . . ac fe fyddan nhw'n gofyn . . .
     . . . and they will ask . . .

23   . . . ac fe fydd yn wir.
     . . . and it will be true.

23   . . . pan fyddwch chi'n Aelod Seneddol.
     . . . when you are (will be) a Member of Parliament.

23   . . . a'ch gwaith chi fydd ymladd y meistri.
     . . . and your work will be to fight the bosses.

24   Ond fyddan nhw ddim yn barod i siarad â fi.
     But they won't be ready to talk to me.

24   . . . fe fydda i'n dweud wrthyn nhw . . .
     . . . I shall say to them . . .

24   . . . fe fyddan nhw allan ar streic unwaith eto.
     . . . they will be out on strike once again.

24   Fydd e'n cael ei waith yn ôl?
     Will he get his job (work) back?

25   Fe fydd Twm yn cael ei waith yn ôl.
     Tom will get his job back.

Sentences with the link word 'sy'

Note this sentence on page 15:

15   Mae hawl gan y gweithwyr i gymryd pethau o focsys neu fagiau sy wedi torri.
     The workmen have the right to take things from boxes or bags that are broken.

In this sentence, 'sy' is a link word and has the meanings 'which is' or 'which are', 'that is' ('that are'), or 'who is' ('who are').
Here is another example:

20   . . . a rhoi ei waith yn ôl i'r dyn sy wedi cael y sac.
     . . . and give his work back to the man who has had the sack.

There are many examples of the use of 'sy' in this manner in the following stories, and attention will be drawn to them in the Notes.

The construction with 'cyn' (before)

'cyn' is usually followed by the same construction as that which follows 'rhaid', (e.g., Mae rhaid i fi fynd.—*I must go.*) But a phrase like 'cyn i fi fynd' can mean 'before I go', 'before I went' or 'before I had gone'. But the meaning will be clear usually from the rest of the sentence. This construction is frequently used in succeeding stories and attention will be drawn to it in the Notes.

28   Roedd y streic wedi'i setlo cyn i chi gyrraedd y doc.
     The strike was settled before you reached the dock.

28   . . . doedd y streic ddim wedi'i setlo cyn i fi gyrraedd.
     . . . the strike was not settled before I arrived.

2. Y Piano

Phrases and clauses containing 'cyn' *(before)* **and 'ar ôl'** *(after)*

29 . . . cyn i fi roi'r fen yn ei gwely a mynd adref.
   . . . before I put the van to bed and go home.

32 . . . cyn i'r cloc daro hanner awr wedi pedwar.
   . . . before the clock strikes half past four.

32 . . . cyn i'r ferch gyrraedd adref o'r ysgol.
   . . . before the girl arrives home from school.

40 Fe fydd hi'n cyrraedd cyn i fi ddod gyda'r piano yma.
   She will arrive home before I come with this piano.

41 . . . cyn iddi hi ddechrau'n iawn ar y 'Moonlight'.
   before she had properly started on the 'Moonlight'.

32 . . . ar ôl i chi fynd drwy Fonmon.
   . . . after you go through Fonmon.

32 . . . ar ôl i chi fod i lawr i Sir Benfro.
   . . . after (you) having been down to Pembrokeshire.

43 . . . ar ôl iddo fe roi lifft i'r pentref i'r bechgyn a'r merched.
   . . . after he had given a lift to the village to the boys and girls.

Sentences containing the link word 'sy'

30 . . . dydych chi ddim yn hoffi chwarae piano sy allan o diwn.
   . . . you don't like playing a piano that is out of tune.

31 Doedd Sam ddim yn un sy'n mynd ar streic am ddim byd.
   Sam wasn't one who goes on strike for nothing.

32 Rydw i wedi dod i nôl y piano sy i fynd i lawr i fferm Gwern Isaf.
   I have come to fetch the piano that is to go down to Gwern Isaf farm.

34 Ond fe fydd Mr. Prydderch, y ffermwr, a'r dyn sy'n gweithio ar y fferm, yn
   barod i helpu ar ôl i chi gyrraedd.
   *But Mr. Prydderch, the farmer, and the man who works (is working) on the
   farm, will be ready to help after you arrive.*

40 Fe ddaeth yr un sy yn ein tŷ ni allan o Arch Noa.
   The one that is in our house came out of Noah's Ark.

40 Does neb sy'n well na hi yn yr ysgol.
   There is no one who is better than she in the school.

41 Mae'r rhaff yma sy'n dal y piano yn ei le wedi torri.
   This rope which holds (is holding) the piano in its place has broken.

42 O, fe hoffwn i gael piano fel hwnna sy yn y fen.
   Oh, I would like to have a piano like that one which is in the van.

42 . . . yn lle yr hen beth sy gen i nawr.
   . . . instead of the old thing that I have now.

118

Sentences containing the 'bod' construction

Note the following two sentences in English:

The girl doesn't know.   She's going to have a brand new piano.

To join them and make one sentence, all that needs to be done is to insert the word 'that', like this:

The girl doesn't know that she is going to have a brand new piano.

Now take two similar sentences in Welsh:

Dydy'r ferch ddim yn gwybod.   Mae hi'n mynd i gael piano newydd sbon.

To join these to make one sentence, 'Mae hi' of the second sentence has to be changed to 'ei bod hi':

Dydy'r ferch ddim yn gwybod ei bod hi'n mynd i gael piano newydd sbon.

Here is a table to help you with similar sentences:

that I am, that I was	—	fy mod i
that he is, that he was	—	ei fod e
that she is, that she was	—	ei bod hi
that the boy is, that the boy was	—	bod y bachgen
that we are, that we were	—	ein bod ni
that you are, that you were	—	eich bod chi
that they are, that they were	—	eu bod nhw
that the boys are, that the boys were	—	bod y bechgyn

There are many examples of this construction in this story, 'Y Piano', and in the remaining stories in the book, eg.:

31 Rydych chi'n gwybod, Sam, fod pob job yn bwysig.
You know, Sam, that every job is important.

31 Rydw i'n siŵr eich bod chi'n gwybod am y lle.
I'm sure that you know (are knowing) of the place.

32 Fe wn i fod eich tafod chi'n ddigon hir.
I know that your tongue is long enough.

32 . . . dim ond ei bod hi (y fferm) tua milltir ar ôl i chi . . .
. . . only that it (the farm) is about a mile after you . . .

32 Mae'n siŵr bod digon o betrol gennych chi.
It's certain that you have enough petrol.

32 Roedd Sam yn siŵr bod llawer o whisgi wedi mynd i lawr ei gorn gwddw fe.
Sam was sure that a lot of whisky had gone down his throat.

32 O, diolch eich bod chi wedi dod.
Oh, thanks that you have come.

33 . . . yn gwrando'n syn fod gyrrwr lori neu fen yn gallu chwarae'r piano mor dda.
. . . listening amazed that a lorry or van driver could (was able) to play the piano so well.

34 Roeddwn i'n meddwl eich bod chi.
I thought that you had.

41 Rydw i'n siŵr eich bod chi i gyd yn gwybod 'Moliannwn'.
    I'm sure that you all know 'Moliannwn'.

44 Roedd e wedi ffonio i ddweud ei fod e'n aros.
    He had phoned to say that he was staying.

But note how 'bod' is used with 'rhaid' in these two sentences:

29 Mae arna i ofn fod rhaid i chi fynd allan eto, Sam.
    I'm afraid that you must go out again, Sam.

35 Rhaid bod y rhaff . . . wedi torri
    The rope must . . . have broken.

Sentences containing the link word 'oedd'

'Oedd' in these sentences is the past tense of 'sy', and translates 'that was/were', 'which was/were' or 'who was/were'.

42 . . . mwy fel chwaraewr rygbi nag fel un oedd yn hoff o fiwsig.
    . . . more like a rugby player than like one who was fond of music.

42 Beth oedd y canu oedd yn dod o gefn y fen?
    What was the singing that was coming from the back of the van?

43 Fe edrychodd e ar Sam oedd o hyd yn eistedd yn ei gaban.
    He looked at Sam who was still sitting in his cabin.

43 . . . a'r dyn oedd yn gweithio ar y fferm.
    . . . and the man who was working on the farm.

3. Gwyneth

Sentences containing the 'bod' construction

45 Fe ddywedodd y siopau . . . fod rhaid iddyn nhw gael y stwff . . .
    The shops said . . . that they had to have the stuff . . .

48 A Sam yn siŵr felly fod llawer o ffrindiau yn y caffe.
    And Sam (was) sure therefore that there were many friends in the cafe.

50 Roedd e'n siŵr ei bod hi mewn trwbwl mawr.
    He was sure that she was in great trouble.

50 Roedd e'n siŵr bod dagrau yn ei llygaid hi.
    He was sure that there were tears in her eyes.

54 Mae'n siŵr ei bod hi wedi cael llawer brecwast heb dalu.
    It's certain (that) she has had many a breakfast without paying.

56 Fe ddywetsoch chi fod men gennych chi.
    You said that you had a van.

57 . . . oedd rhywun yn Aberystwyth yn gwybod eich bod chi'n meddwl am fynd
    adref?
    . . . did anyone in Aberystwyth know that you were thinking of going home?

120

57   . . . meddwl eich bod chi wedi cael drwg neu rywbeth.
    . . . thinking that you have come to harm or something.

57   Mae rhaid eu bod nhw'n poeni amdanoch chi.
    They must be worrying about you.

57   Efallai eu bod nhw wedi ffonio'r polîs i chwilio amdanoch chi.
    Perhaps they have phoned the police to search for you.

58   Rydw i'n meddwl ein bod ni.
    I think that we are.

60   Gobeithio bod ei mam yn teimlo'n well tuag ati hi.
    I hope her mother is feeling better towards her.

Sentences containing the negative 'bod' construction

Note how 'ddim' or 'dim' is used to give a negative meaning.

46   Gobeithio ei fod e ddim wedi gwneud cawl o'r gêrs.
    I hope that he hasn't made a mess (soup) of the gears.

51   Ydych chi'n dweud wrtho i nawr eich bod chi ddim yn gwybod?
    Are you telling me now that you don't know?

51   Mae rhaid i fi ddweud fy mod i ddim yn eich deall chi o gwbl.
    I must say that I don't understand you at all.

52   Mae'n ddigon clir i fi fod dim 'efallai' yn y mater o gwbl.
    It's clear enough to me that there is no 'perhaps' in the matter at all.

53   Ac rydw i'n siŵr eich bod chi ddim yn gallu cysgu.
    And I'm sure that you couldn't (were not able to) sleep.

Sentences containing the link word 'sy'

To use the proper grammatical term, one should say "adjective or relative clauses with 'sy'"

46   Fi ydy'r unig un sy'n gyrru fy men i.
    I am the ony one that drives my van.

50   . . . wrth y ferch yma . . . sy â'i dillad a'i gwallt yn wlyb diferu.
    . . . to this girl . . . whose clothes and hair are dripping wet.

53   . . . dim ond hon sy'n wlyb diferu.
    . . . only this one which is dripping wet.

Sentences with the link word 'oedd'

In proper grammatical terms, adjective or relative clauses with 'oedd'.

46   Fe oedd yr unig yrrwr oedd yma.
    He was the only driver that was here.

50 Roedd y cwpan oedd o'i blaen hi'n wag.
The cup that was in front of her was empty.

50 . . . meddai fe wrth y wraig oedd y tu ôl i'r cownter.
. . . he said to the woman who was behind the counter.

54 . . . meddai fe wrth y wraig oedd yn brysur yn golchi llestri yno.
. . . he said to the woman who was busy washing dishes there.

60 . . . y jam a'r picls oedd yng nghefn y fen.
. . . the jam and pickles that were in the back of the van.

61 Roedd e wedi cofio'r enw oedd ar y fen.
He had remembered the name that was on the van.

Examples of 'cyn' and 'ar ôl'

47 . . . ar ôl iddo fe ddod allan ar y ffordd newydd.
. . . after he had come out on the new road.

47 . . . cyn iddo fe fynd ymhell ar y draffordd.
. . . before he had gone far on the motorway.

58 . . . cyn i ni ddod ar y tro nesaf.
. . . before we come to the next turn.

Comparison of Adjectives

The words to denote comparison of adjectives in Welsh are:

mor   mwy   mwya

e.g.: mor barod (*as ready*) mwy parod (*more ready*) mwya parod (*most ready*)

Note how these are used in the following sentences. (But it must be said that there are other ways of forming these degrees, by adding endings -ach and -af, e.g., pertach (*prettier*), pertaf (*prettiest*)

46 Mae mwy o sens gennych chi na mynd ar streic.
You have more sense than to go on a strike.

47 Does neb yn fwy gofalus na fi.
There is no one more careful than I.

48 Doedd neb yn fwy parod na Sam.
No one was more ready than Sam.

49 Roedd hi'n edrych yn fwy trist nawr.
She was looking sadder (more sad) now.

50 . . . y peth mwya twp ddywedais i heddiw.
. . . the silliest thing I said today.

51 Mae mwy na digon o geir ar y ffordd heddiw.
There are more than enough cars on the road today.

52 Dyna un o'r pethau mwya twp glywais i ers llawer dydd.
That is one of the silliest things I have heard for many a day.

122

52 Mae e'n fwy na ffrind.
He is more than a friend.

52 . . . hiraeth am weld John yn fwy na'r hiraeth am weld eich tad a'ch mam.
. . . the longing to see John is greater than the longing to see your father and mother.

53 Rydych chi'n fwy na charedig.
You are more than kind.

56 Rydych chi'n edrych yn fwy cysurus nawr.
You look more comfortable now.

57 Fi ydy'r ferch fwya twp yn y byd.
I am the silliest girl in the world.

57 Mae hwn yn mynd yn fwy cyflym o lawer.
This one is going much faster.

57 Doedd hi ddim erioed wedi mynd mor gyflym â hyn.
It (the van) had never gone so fast as this.

58 Dydy'r car ddim yn mynd mor gyflym nawr.
The car isn't going so fast now.

60 . . . am fod mor garedig wrtho i.
. . . for being so kind to me.

60 Dyna'r dyn mwya caredig welais i erioed.
That's the kindest man I ever saw.

'mwy' and 'mwya' are never used with 'da'. The forms are:

> da(*good*)   cystal (*as good as*)   gwell (*better*)   gorau (*best*)

46 Does neb sy'n well na chi.
There's no one who is better than you.

56 Fe fyddwch chi'n teimlo'n well.
You will feel better.

But note the idiom: mae'n well gen i (*I prefer*)

51 Mae'n well gennych chi gerdded o gwmpas . . .
You prefer to walk around . . .

Adjective clauses containing the past tense of verbs

48 Roedd e'n cofio pob gair ddywedodd y bòs wrtho fe.
He remembered every word the boss said to him.

51 Fe aeth pob car welais i ar y ffordd heibio heb aros.
Every car I saw on the road went by without stopping.

51 . . . un o'r mwya od welais i erioed.
. . . one of the oddest I ever saw.

52 Dyna un o'r pethau mwya twp glywais i ers llawer dydd.
That is one of the silliest things I have heard for many a day.

60   Dyna'r dyn mwya caredig welais i erioed.
     That's the kindest man I ever saw.

60   Meddwl roedd Sam am y ferch redodd yn ei hiraeth o'r coleg yn Aberystwyth.
     Sam was thinking of the girl who in her longing ran away from the college at Aberystwyth.

4.   Y Soser Hedfan

The use of the 'bod' construction has already been noted. This construction is also used after 'nes' (*until, so that*).

62   Roedd e wedi cario a chario nes bod ei gefn a'i freichiau'n brifo.
     He had carried and carried until his back and arms were hurting.

62   Roedd rhaid iddo fe aros yn yr eisteddfod nes ei bod hi'n gorffen.
     He had to stay at the eisteddfod until it finished.

64   . . . bod y fen wedi llithro ar draws y ffordd nes ei bod hi bron â rhedeg yn erbyn y ffens . . .
     . . . that the van had slid across the road until it had almost run up against the fence . . .

64   Rhaid i fi aros fan yna nes bod y brifo a'r llosgi yma'n stopio.
     I must stay there until the pain and the burning stop.

65   Edrychodd Sam nes bod ei lygaid yn brifo ac yn llosgi.
     Sam stared (looked) until his eyes were hurting and burning.

67   Dyma fe'n cael ei wthio allan nes bod un pen ar lawr y cae a'r pen arall yn y soser.
     It was pushed out until one end was on the floor of the field and the other end in the saucer.

75   Chwerthin a chwerthin nes eu bod nhw'n goch (yn) eu hwynebau.
     They laughed and laughed until they were red in the face (in their faces).

Examples of the 'bod' construction, particularly after 'efallai' and 'rhaid'

62   Yr ail reswm . . . oedd ei fod e ddim wedi cael llawer o gwsg y noson gynt.
     The second reason . . . was that he hadn't had much sleep on the previous night.

62   Mae rhaid dweud ei fod e'n ennill yn aml.
     It must be said that he often won (was winning).

63   Efallai bod crac yn y dosbarthydd.
     Perhaps there was a crack in the distributor.

65   Roedd e'n siŵr ei fod e'n gweld rhywbeth.
     He was sure he could see (was seeing) something.

65   Efallai bod rhyw beiriant yn y soser.
     Perhaps there was a (some) machine in the saucer.

124

67 Piti bod dim sbienddrych gen i.
It's a pity I have no spyglass with me.

67 Efallai bod eu pennau nhw'n fwy.
Perhaps their heads were bigger.

67 Mae rhaid eu bod nhw'n gwisgo rhyw fath o siwt undarn.
They must be wearing some sort of one-piece suit.

67 Efallai eu bod nhw'n gallu byw ar ein hawyr ni.
Perhaps they can live on our air.

68 Roedd ar Sam ofn eu bod nhw'n barod i ruthro . . .
Sam was afraid that they were ready to rush . . .

68 Ond roedd hi'n amlwg i Sam fod dim ofn arnyn nhw.
But it was obvious to Sam that they were not afraid.

68 Efallai eu bod nhw ddim wedi gweld gwartheg o'r blaen.
Perhaps they had not seen cattle before.

68 Efallai eu bod nhw ddim yn gwybod bod cyrn gan rai gwartheg o hyd.
Perhaps they didn't know that some cattle still have horns.

70 Od iawn eu bod nhw ddim yn siarad Saesneg.
It's very odd that they don't speak English.

71 Efallai bod dim cig ganddyn nhw.
Perhaps they have no meat.

71 Efallai bod buchod ganddyn nhw ond dim tarw.
Perhaps they have cows but no bull.

71 Mae rhaid eu bod nhw wedi fy nghlywed i'n gweiddi.
They must have heard me shouting.

73 Gobeithio bod y gwn yna ddim yn gallu saethu drwy ffenestr y fen yma.
I hope that gun can't shoot through the window of this van.

and there are other examples in the story.

Adjective clauses with 'sy' and 'oedd'

63 . . . y fflachlamp oedd bob amser gan Sam.
. . . the flashlamp that Sam always had.

63 Cydiodd Sam yn y cebl oedd yn arwain i'r dosbarthydd.
Sam took hold of the cable that led to the distributor.

64 . . . y ffens oedd ar ochr y ffordd.
. . . the fence that was on the side of the road.

65 . . . ffan drydan sy'n cael ei defnyddio i oeri stafell.
. . . electric fan which is used to cool a room.

65 . . . y llong hofran oedd yn mynd yn ôl ac ymlaen i Ffrainc.
. . . the hovercraft that went back and fore to France.

66 . . . ond am y golau melyn oedd yn dod o'r soser.
. . . except for the yellow light that came from the saucer.

67   . . . siwt undarn sy'n dynn amdanyn nhw.
    . . . *a one-piece suit which is tight about them.*

68   . . . neu rywbeth oedd yn debyg i helmet.
    . . . *or something that was similar to a helmet.*

68   . . . rywbeth oedd yn edrych yn debyg i wn o ryw fath.
    . . . *something that looked like a gun of some sort.*

Note this adjective clause containing a verb in the past tense.

65   . . . ond ei fod e'n fwy na'r rhai welodd e yn Dover.
    . . . *except that it was bigger than the ones he saw in Dover.*

Sentences containing comparison of adjectives

63   Roedd y cloc yn dangos bod ei danc yn fwy na hanner llawn.
    The meter showed that his tank was more than half full.

64   Caeodd ei lygaid am foment, ac mor braf roedden nhw'n teimlo wedyn.
    He closed his eyes for a moment, and how fine they felt then.

65   Agorodd Sam ffenestr ei gaban er mwyn gweld yn well.
    Sam opened the window of his cab in order to see better.

There are others which have been included above. But note this sentence:

64   Gwell i fi gadw lampau'r ochrau yn olau.
    I'd better keep the side lights on (lit).

The 'passive voice' CAEL

You will probably be familiar with the term 'passive voice' in English. Here are some sentences containing the passive voice. You will notice that the subject of the sentence in each case is the 'sufferer':

The door will be opened.
He saw something being pushed out through the door.
. . . some sort of gangway which is used on board ship.

In Welsh the various forms of 'cael' are used to express the passive voice. The above three sentences would translate thus:

66   Bydd y drws yn cael ei agor.
67   Fe welodd e rywbeth yn cael ei wthio allan drwy'r drws.
67   . . . rhyw fath o gangwe sy'n cael ei ddefnyddio ar fwrdd llong.

Here are other examples from the story 'Y Soser Hedfan':

65   . . . ffan drydan sy'n cael ei defnyddio i oeri stafell.
    . . . *an electric fan which is used to cool a room.*

67   . . . hwnna sy'n cael ei wthio allan nawr.
    . . . *that which is being pushed out now.*

68   . . . neu roedd y drws wedi cael ei gau.
    . . . *or the door had been closed.*

126

70   . . . ofn gweld y dynion yn cael eu taro i lawr gan y tarw.
. . . afraid of seeing the men being knocked down by the bull.

70   Fydd y tarw'n cael ei godi i mewn i'r soser?
Will the bull be lifted up into the saucer?

70   Ydy'r tarw wedi cael ei ladd?
Has the bull been killed?

70   Dim ond wedi cael ei roi i gysgu mae e.
It has only been put to sleep.

71   Dyna ddrws yn y soser yn cael ei agor.
A door in the saucer was opened.

71   Roedd y tarw wedi cael ei godi i mewn i'r soser.
The bull had been lifted into the saucer.

73   Os bydda i'n cael fy nghario i ffwrdd.
If I am carried away.

74   . . . a tharw'n cael ei saethu ac yn cael ei godi i mewn i'r soser.
. . . and a bull being shot and lifted into the saucer.

5. Thomas Fydd ei Enw

The 'bod' construction after 'er' (*though, although*)

You are now probably familiar with the 'bod' construction after 'nes'. The same construction is used after 'er'.

77   . . . er ei fod e ar y draffordd, doedd e ddim ar frys.
. . . though he was on the motorway, he was in no hurry.

77   . . . er fy mod i'n hoff o arian, dydw i ddim eisiau gweithio dros amser heddiw.
. . . though I am fond of money, I don't want to work overtime today.

77   Ac er ei fod e'n ddigon pell i ffwrdd, roedd Sam yn siŵr mai hen Fini oedd e.
And though it was far enough away, Sam was sure that it was an old Mini.

80   Ac er bod ei ddwylo fe'n crynu, fe faciodd ei fen . . .
And though his hands were trembling, he backed the van . . .

84   Roedd tipyn bach o ofn y polîs arno fe er ei fod e ddim erioed wedi cael ei ddal ganddyn nhw.
He was a little bit afraid of the police though he had never been caught by them.

86   . . . er bod Sam a'r dyn yn y fen ddim yn gwybod, roedd un o'r plismyn yn brysur wrth ei set radio.
. . . though Sam and the man in the van didn't know (it), one of the policemen was busy with his radio set.

Further examples of 'nes' and 'bod' construction

78   . . . gan ganu eu cyrn nes bod Sam yn tynnu wyneb hyll arnyn nhw.
. . . sounding their horns so that Sam pulled an ugly face at them.

80   . . . fe faciodd Sam y fen mor ofalus nes ei bod hi'n dynn wrth ochr y Marina.
. . . Sam backed the van so carefully until it was tight by the side of the Marina.

81   Fe gododd e'r wraig nes ei bod hi'n lefel â'r sedd.
He lifted the woman until she was level with the seat.

82   Fe dorrodd y bocs o dan draed Sam nes ei fod e'n fflat ar y llawr.
The box broke under Sam's feet so that he was flat on the ground.

86   Dilynodd Sam a brecio'n galed nes bod y gŵr a'i wraig bron â mynd drwy'r sgrîn flaen.
Sam followed and braked hard so that the man and his wife almost went through the front (wind) screen.

87   . . . alla i ddim mynd nes fy mod i'n gwybod bod popeth yn iawn.
. . . I can't go until I know that everything is alright.

90   . . . ac ar ôl iddo fe ysgwyd llaw . . . nes bod braich a llaw Sam yn brifo.
. . . and after he had shaken hands . . . until Sam's arm and hand were aching.

Sentences containing the link word 'mai'

If a word or phrase needs to be emphasized in Welsh, that word or phrase is brought to the beginning of the sentence, e.g., if you wished to emphasize the fact that Sam is in the van and not in the house, you would say: Yn y fen mae Sam.

But if you wished to emphasize the fact that it is Sam who is in the van and no one else you would say: Sam sy yn y fen, i.e., the verb 'mae' has become 'sy'.

If a sentence such as this is joined to another sentence to make a complex sentence, the link word is 'mai' (in affirmative sentences), but the verb itself does not change as it does after 'nes' and 'er'.

Here are examples from the story 'Thomas fydd ei enw':

77   Roedd Sam yn siŵr mai hen Fini oedd y car.
Sam was sure that an old Mini was the car.
Sam was sure that the car was an old Mini.

78   . . . a Sam yn siŵr yn ei feddwl mai cael ras roedd y ddau.
. . . and Sam sure in his mind that having a race were the two.
that the two were having a race.

87   . . . roeddwn i'n meddwl mai gwell oedd ei chael hi i'r ysbyty.
. . . I was thinking that better it was to get her to the hospital.
that it would be better to get her to the hospital.

88   A basai pawb yn meddwl mai fe oedd tad y plentyn.
And everyone would think that he was the father of the child.

88   . . . a gobeithio mai tad oedd e erbyn hyn.
. . . and hoping that he was a father by now.

88   Rydw i'n hapus mai bachgen ydy e.
I am happy it's a boy.

89   Fe ddywedais i mai enw twp oedd gen i.
I said that I had a daft name.

128

89 Roeddwn i'n meddwl mai T.C.W. fasai'r enw'n llawn.
I thought that T.C.W. would be the name in full.

Note in particular this sentence:

80 Roedd y chwys yn rhedeg i lawr ei bochau hi er mai dim ond côt a choban oedd amdani hi.
The sweat was running down her cheeks though she was wearing only a coat and nightdress.

'Er' is not followed here by 'bod' but by 'mai' and the verb doesn't change after 'mai'.

Examples of 'cael' passive voice

77 Mae rhaid i'r gân gael ei dysgu.
The song must be learnt.

78 Ac roedd bron iddo fe gael ei daro i lawr gan un o'r ceir.
And he was almost knocked down by one of the cars.

79 Roedd babis yn cael eu geni yn beth newydd iddo fe.
Babies being born was a new thing to him.

79 . . . gan obeithio fydd y babi ddim yn cael ei eni cyn i ni gyrraedd yr ysbyty.
. . . hoping that the baby will not be born before we reach the hospital.

82 . . . tra oedd y llall yn ceisio cadw ei wraig rhag cael ei hysgwyd gormod yn y fen.
. . . while the other was trying to keep his wife from being shaken too much in the van.

86 Fe gafodd y wraig ei chodi allan o'r fen. (*Past tense of 'cael'*)
The woman was lifted out of the van.

87 . . . fe gafodd hi ei hysgwyd mor ddrwg yn y fen.
. . . she was shaken so badly in the van.

89 . . . ar ôl iddi hi gael ei hysgwyd mor ddrwg yn y fen.
. . . after she had been shaken so badly in the van.

Examples of comparison of adjectives

78 Roedd hi'n fwy nag amlwg i Sam nawr.
It was more than obvious to Sam now.

79 Mae'r babi mor agos â hynny?
The baby is as near as that?

81 . . . dewch ag un o'r bocsys mwya cryf yma.
. . . bring one of the strongest boxes here.

81 . . . roedd hi mor drwm.
. . . she was so heavy.

81 Lwc bod Sam yn ddyn mor cryf.
(It was) lucky that Sam was such a strong man.

85 Ddylech chi ddim mynd mor gyflym ar y draffordd.
You shouldn't go so fast on the motorway.

129

85 Fe aeth e'n ôl at y *Rover* yn fwy cyflym o lawer nag y daeth at y fen.
    He went back to the Rover much more quickly than he came to the van.

86 Roedd hi'n crynu ac yn ysgwyd mor ofnadwy.
    It was trembling and shaking so terribly.

Note these sentences containing 'llai' (*less*):

81 . . . mewn llai na hanner munud.
    . . . in less than half a minute.

89 Mewn llai na milltir roedd y *Rover* yn gyrru wrth ochr y fen.
    In less than a mile the Rover was driving alongside the van.

and these containing 'gwell':

87 . . . mai gwell oedd ei chael hi'r fam i'r ysbyty.
    . . . that it was better to get her, the mother, to the hospital.
87 Mae'n well i chi symud.
    You had better move.

Adjective clauses containing past tense verbs

79 Dyna beth ddywedais i.
    That is what I said.

88 A dyma'r cwestiwn saethodd Sam at y gŵr.
    And this is the question Sam shot at the husband.

89 Fe oedd y boi sgrifennodd opera . . .
    He was the chap who wrote an opera . . .

Conditional forms of 'bod'

This new tense is introduced in this story. Its use and meaning will become clear from the examples below, and from the further examples in the next story, 'Y Ferch o Ballymoy'. Here are its forms:

fe faswn i	I should, I should be
fe fasai fe/hi	he/she would, he/she would be
fe fasai'r wraig	the woman would, the woman would be
fe fasen ni	we should, we should be
fe fasech chi	you would, you would be
fe fasen nhw	they would, they would be
fe fasai'r gwragedd	the women would, the women would be

Negative forms: faswn i ddim, etc.
Question forms: faswn i? etc.

87 Faswn i ddim yn gwybod beth i'w wneud.
    I wouldn't know what to do.

87 Fe faswn i'n gwybod.
    I would know.

88 Na fasen.
    They wouldn't.

88   A basai pawb yn meddwl mai fe oedd tad y plentyn.
     And everyone would think that he was the father of the child.

6.   Y Ferch o Ballymoy

Conditional forms of 'bod'

Note that the word for 'if' preceding these forms is not 'os' but 'pe'.

93   . . . a'i galon yn curo wrth feddwl basai fe'n gweld Sinead cyn bo hir.
     . . . and his heart beating from thinking that he would be seeing Sinead before long.

93   Pe basai fe'n syrthio mewn cariad, fe fasai rhaid iddo fe rywbryd briodi.
     If he should fall in love, he would have to marry sometime.

93   . . . fe fasai fe'n colli ei ryddid.
     . . . he would lose his freedom.

93   . . . a phe basai fe'n priodi, fasai hynny ddim yn deg ar ei wraig.
     . . . and if he should marry, that wouldn't be fair on his wife.

93   Fe fasai hi'n unig.
     She would be lonely.

94   . . . pe basai fe'n gofyn iddi hi ei briodi fe, fe fasai hi'n fodlon.
     . . . if he should ask her to marry him, she would be willing.

94   Efallai basai hi'n cael gwaith fel athrawes, a fasai hi ddim mor unig wedyn.
     Perhaps she would have work as a teacher, and she wouldn't be so lonely then.

94   . . . roedd y croeso mor gynnes yn Saesneg ag y basai yn Gymraeg.
     . . . the welcome was as warm in English as it would be in Welsh.

94   Fe fasai'n amhosibl meddwl amdani hi fel merch drist.
     It would be impossible to think of her as a sad girl.

95   Fe faswn i'n falch o damaid nawr.
     I would be glad of a bite now.

96   . . . fel pe basai fe'n llyncu'r prydferthwch.
     . . . as if he would swallow the beauty./as though he were swallowing th beauty.

97   Roedd e'n siŵr basai fe'n torri'r bysedd bach gwyn, pe basai fe'n gwneud.
     He was sure he would break the little white fingers, if he did.

100 Roedd yn amhosibl iddo fe ddianc nawr hyd yn oed pe basai fe'n dewis.
     It was impossible for him to escape now even if he should choose.

101 Roedd e'n gweld nawr basai pethau'n anodd iawn.
     He could see now that things would be very difficult.

101 Pwy fasai'n meddwl?
     Who would have thought (it)?

103 Roedden nhw'n deall basai rhaid i Sinead fynd i fyw i Gymru.
     They understood that Sinead would have to go to live in Wales.

131

104   . . . y tŷ basen nhw'n ei brynu.
      . . . the house that they would buy.

105   . . . a'r môr yn dawel fel pe basai'n cysgu.
      . . . and the sea quiet as if it were sleeping.

106   Fe faswn i'n dweud eu bod nhw'n bobl annwyl iawn.
      I would say that they are very dear people.

109   A phe baswn i ddim wedi dangos tipyn o dymer, a phe basech chi ddim wedi
      dweud ein bod ni'n mynd i briodi, rydw i'n siŵr mai chwilio drwy fy nghês
      basai fe.
      And if I hadn't shown a bit of temper, and if you hadn't said that we were going
      to get married, I'm sure that he would have searched through my case.

And there are others. Look for them.

Examples of 'cael' passive voice

92   . . . a gwefusau llawn oedd yn gofyn am gael eu cusanu.
      . . . and full lips that asked to be kissed.

93   . . . llwyth o ddilladau gwlân, oedd yn cael eu gwneud mewn ffatri yn Ballymoy.
      . . . a load of woollen goods (clothes), that were made in a factory at Ballymoy.

93   . . . a mynd â hi wedyn i'r ffatri wlân er mwyn iddi hi gael ei llwytho erbyn y
      bore.
      . . . and had taken it then to the wool factory for it to be loaded for the morning.

93   . . . i weld criced a rygbi'n cael eu chwarae.
      . . . to see cricket and rugby being played.

94   Chafodd Sam mo'i siomi.
      Sam was not disappointed.

94   Doedd e ddim erioed wedi cael ei groesawu mor gynnes â hyn.
      He had never been welcomed as warmly as this.

99   Roedd e wedi cael ei ddal nawr yn ddigon siŵr.
      He was caught now sure enough.

102   . . . fel dyn oedd wedi cael ei daro ar ei ben â rhaw.
      . . . like a man who had been hit over the head with a spade.

104   . . . a hi (y fen, wrth gwrs) wedi cael ei llwytho yn y ffatri wlân lle roedd hi wedi
      cael ei pharcio dros nos.
      . . . and it (the van, of course) had been loaded in the wool factory where it had
      been parked over night.

Sentences containing the link word 'mai'

92   A'r ferch Sinead yn meddwl mai iddi hi'n unig roedd Sam yn canu.
      And the girl Sinead thinking that to her alone Sam was singing.

101   Doedd Sam ddim wedi meddwl am foment mai Catholiges oedd Sinead.
      Sam hadn't thought for a moment that Sinead was a Catholic.

103   . . . er eu bod nhw'n siŵr mai gwraig garedig oedd mam Sam.
      . . . though they were sure that Sam's mother was a kindly woman.

106   Efallai mai meddwl am gwrdd â'i dad a'i fam am y tro cyntaf oedd yn ei
      gwneud hi'n nerfus.
      *Perhaps it was thinking of meeting his father and mother for the first time that
      was making her nervous.*

109   . . . rydw i'n siŵr mai chwilio drwy fy nghês basai fe.
      . . . I'm sure that he would search through my case.

Chwiliwch chi am frawddegau eraill a 'mai' ynddyn nhw!